RESEARCH ON CREDIT MEASUREMENT OF SMALL
AND MEDIUM SIZED ENTERPRISES

中小企业信用测度研究

张坤 著

经济管理出版社

CONOMY & MANAGEMENT PUBLISHING HOUSE

图书在版编目（CIP）数据

中小企业信用测度研究/张坤著 . —北京：经济管理出版社，2022. 11
ISBN 978-7-5096-8800-7

Ⅰ.①中…　Ⅱ.①张…　Ⅲ.①中小企业—信用评级—研究—中国　Ⅳ.①F832.4

中国版本图书馆 CIP 数据核字（2022）第 206522 号

组稿编辑：王　慧
责任编辑：杨　雪
助理编辑：王　慧
责任印制：黄章平
责任校对：蔡晓臻

出版发行：经济管理出版社
　　　　　（北京市海淀区北蜂窝 8 号中雅大厦 A 座 11 层　100038）
网　　　址：www. E-mp. com. cn
电　　　话：（010）51915602
印　　　刷：唐山玺诚印务有限公司
经　　　销：新华书店
开　　　本：720mm×1000mm/16
印　　　张：12. 75
字　　　数：195 千字
版　　　次：2022 年 11 月第 1 版　　 2022 年 11 月第 1 次印刷
书　　　号：ISBN 978-7-5096-8800-7
定　　　价：79. 00 元

前　言

作为国民经济和社会发展的主力军，中小企业的创新发展能够有效促进经济增长、保障就业和改善民生，并在资本市场的要素配置中起到重要的枢纽作用。中小企业"融资难、融资贵"是世界性难题，也是一个内生性问题，想要有效缓解该问题，需要传统商业银行和整体金融市场的创新、转型和改革。一个可行的路径是逐步建立多层次的资本市场，在这个过程中，构建针对中小企业的信用评级体系至关重要。中小企业信用评级体系的基础和核心是中小企业信用测度问题。由此可见，中小企业信用测度研究是研究中小企业融资问题的基础。缓解中小企业融资困境，需要建立健全具有中国特色的中小企业融资体系，并重构中小企业信用评级体系。当前的评级体系更适合大中型企业或一般类型的企业，与中小企业的融资需求不相适应，缺少有针对性、精细化和有区分度的指标体系，因此需要进一步建立健全针对中小企业的信用评级指标体系，与时俱进地完善和补充指标内容，同时不断完善与之相配套的政策体系建设。

笔者尝试从信用、信用风险、信用风险评估等基础理论着手，结合统计测度的研究逻辑，首先建立信用测度的基本概念和理论框架；其次借助信用风险管理的研究逻辑分析中小企业信用风险的形成机理，进而尝试从理论角度构建中小企业信用额度的指标体系；最后基于大数据技术，对信用测度模型进行实证研究，并在对比不同实证研究结果的基础上尝试构建中小企业信用测度体系。笔者希望通过系统性研究，为改善我国中小企业融资困境提供一定的理论和实践借鉴。

信用测度属于统计测度的一个分支，是用一定的符号和数字，基于信用交易的实践和信用评级的特定需求，对信用交易双方的信用状况进行量化描述和统计分析的过程。信用测度与统计测度高度相关，且信用测度主要研究的问题是信用交易过程，因此它又与金融学、风险管理、信用风险管理、信用评级高度相关。

信用测度未来的发展需要依托大数据分析的理念和工具方法。在大数据环境下，信用交易的数据相对于在传统环境下呈现出了井喷式的增长，信用测度如果没有将大数据分析纳入其方法体系，其信用测度结果也将逐渐被时代所淘汰。信用测度不仅需要传统的统计思维、方法和工具，更需要强大的、基于大数据分析的数据计算和分析处理能力。在大数据环境下，信用测度同样需要在测度方法上进行创新和完善，而且信用测度的对象也从传统的结构化数据演进到了包含非结构数据在内的一切数据，信用测度的边界也极大拓展。基于大数据的信用测度创新和发展的内在动力源自于测度方法的创新和完善。

信用测度的方法论指导有效信用信息的提取和分析过程。结合信用管理和统计学的基础理论不难发现，信用测度的方法经历了由简至繁的演化，尤其是进入大数据时代后，信用测度的工具和方法变得异常综合和复杂。但是，信用测度方法论的核心是能否将信用、信用交易和信用主体的本质特征和信用关系转化成可以用于科学分析的信用信息，并形成可以指导信用管理实践的定量结论，以及更加真实地反映信用的本质。信用测度的过程既与信用测度方法息息相关又与方法以外的因素紧密相关，和传统统计测度方法相比，信用测度既包括常规的方法，又因信用的特殊性而包含一些特殊的测度方法和工具。大数据时代下，信用信息包含了非结构化数据的几乎所有信用信息，一方面极大地扩展了信用测度的内容和边界，数据自动记录的过程可以更全面地反映信用的全貌，增加海量的信用数据资源；另一方面充斥在信用大数据世界中的表情、图片、符号、文字、影音等复杂且不确定的信息缺少统一的测度标准。在没有科学的规则和标准之前，信用大数据分析可能无效，且面临极大的困难。基于这样的认知，笔者的研究将围绕信用测度对象、信用测度原因、信用测度方法这样的基本研究逻辑组织研究内容，并开展大数据环境下中小企业信用测度问题的深入研究。

　　本书得到了河南财经政法大学信用管理系和河南省信用管理研究所的樊智慧、李琳琳、徐晶晶、王子齐、李雅璐等研究者的大力支持，在此一并表达谢意。

张　坤

目　录

1 绪论 ……………………………………………………………… 1

  1.1 研究背景 ……………………………………………………… 1

  1.2 实践现状 ……………………………………………………… 5

  1.3 研究意义 ……………………………………………………… 8

  1.4 研究内容与框架 …………………………………………… 12

2 理论基础与文献综述 ………………………………………… 15

  2.1 理论基础 …………………………………………………… 15

    2.1.1 信用与企业信用 …………………………………… 15

    2.1.2 从商业信用到企业信用 …………………………… 17

    2.1.3 企业信用评级 ……………………………………… 20

  2.2 从统计测度到信用测度 …………………………………… 22

    2.2.1 从统计测度内涵到信用测度定义 ………………… 22

    2.2.2 统计测度分类与信用测度的归类 ………………… 24

    2.2.3 从统计测度意义看信用测度 ……………………… 25

    2.2.4 信用测度的方法论 ………………………………… 31

  2.3 中小企业信用与融资文献综述 …………………………… 34

    2.3.1 中小企业融资新问题 ……………………………… 34

    2.3.2 中小企业信用风险管理与信用风险指标体系 …… 35

    2.3.3 中小企业信用风险评价方法与模型 ……………… 36

2.4 中小企业信用测度研究综述 ……………………………… 38

    2.4.1 研究历程与趋势综述 ……………………………… 38

    2.4.2 研究对象与主题综述 ……………………………… 40

    2.4.3 理论基础与测度方法综述 ………………………… 42

2.5 综述与展望 ……………………………………………… 45

3 中小企业信用测度指标体系构建 ………………………… 47

3.1 中小企业信用测度指标体系影响因素分析 ……………… 47

    3.1.1 技术要素对中小企业信用测度的支撑 …………… 48

    3.1.2 中小企业信用测度指标体系重构的内在逻辑 …… 50

3.2 中小企业信用测度指标确定 ……………………………… 52

    3.2.1 中小企业信用测度指标确定原则 ………………… 53

    3.2.2 中小企业信用测度指标体系构建 ………………… 56

    3.2.3 中小企业信用测度指标维度示例 ………………… 60

3.3 中小企业信用测度指标权重确定 ………………………… 62

4 中小企业信用测度研究——政策分析视角 ……………… 65

4.1 研究准备 ………………………………………………… 65

4.2 相关研究基础 …………………………………………… 67

4.3 中小企业信用测度的政策文本分析 ……………………… 72

    4.3.1 数据来源 …………………………………………… 72

    4.3.2 政策文本层级分析 ………………………………… 73

4.4 中小企业信用测度的政策趋势分析 ……………………… 87

    4.4.1 政策领域趋势分析 ………………………………… 87

    4.4.2 政策热点趋势分析 ………………………………… 89

5 中小企业信用测度研究——信用交易视角 ……………… 92

5.1 研究准备 ………………………………………………… 92

5.2 相关研究基础 …………………………………………… 93

5.3 基于信用交易的中小企业信用现状 …………………… 96

    5.3.1 中小企业信用交易市场违约规模较大 ………………… 96

    5.3.2 债券违约主体所处行业较为分散 ……………………… 97

    5.3.3 违约债券在发行时的信用评级情况 …………………… 99

5.4 基于信用交易的中小企业信用测度分析 ……………… 100

    5.4.1 理论基础 ……………………………………………… 100

    5.4.2 指标选取和数据来源 ………………………………… 100

    5.4.3 模型的构建与检验 …………………………………… 101

5.5 基于信用交易的中小企业信用测度实例检验 ………… 105

    5.5.1 案例概述 ……………………………………………… 105

    5.5.2 中小企业信用测度模型结果应用 …………………… 108

6 中小企业信用测度研究——区域发展视角 ……………… 109

6.1 研究准备 ………………………………………………… 109

6.2 相关研究基础 …………………………………………… 110

6.3 基于区域发展的中小企业信用现状 …………………… 114

    6.3.1 信用违约情况 ………………………………………… 114

    6.3.2 河南地区中小企业信用风险现状 …………………… 115

6.4 基于区域发展的中小企业信用测度分析 ……………… 121

    6.4.1 样本的数据选取与整理 ……………………………… 121

    6.4.2 样本的数据计算 ……………………………………… 123

    6.4.3 实证分析 ……………………………………………… 125

7 中小企业信用测度研究——行业发展视角 ……………… 129

7.1 基于行业发展的中小企业信用现状 …………………… 129

    7.1.1 新常态下我国房地产业信用现状 …………………… 129

    7.1.2 我国房地产业信用测度影响因素 …………………… 131

7.2 基于行业发展的中小企业信用测度分析 ············· 134

　　7.2.1 数据样本的选取 ····················· 134

　　7.2.2 指标体系的构建 ····················· 134

　　7.2.3 主成分分析 ······················· 135

　　7.2.4 模型的构建与分析 ··················· 141

8 中小企业信用测度——宏观环境视角 ············· 144

　8.1 研究准备 ·························· 144

　8.2 相关研究基础 ······················ 146

　　8.2.1 中小企业信用测度影响因素 ············· 146

　　8.2.2 宏观环境对中小企业信用测度的影响 ········· 147

　8.3 基于宏观环境的中小企业信用现状 ············ 148

　　8.3.1 经济政策变动情况 ··················· 148

　　8.3.2 企业融资规模情况 ··················· 149

　8.4 基于宏观环境的中小企业信用测度分析 ········· 152

　　8.4.1 样本选择与数据来源 ················· 152

　　8.4.2 变量设计 ······················· 152

　　8.4.3 实证模型 ······················· 153

　　8.4.4 描述性统计 ······················ 154

　　8.4.5 相关性检验 ······················ 155

　　8.4.6 实证结果分析 ····················· 156

　　8.4.7 稳健性检验 ······················ 159

9 结论与建议 ·························· 161

　9.1 研究结论 ························· 161

　9.2 建议与展望 ······················· 163

　　9.2.1 政策分析视角 ····················· 163

　　9.2.2 信用交易视角 ····················· 164

9.2.3　区域发展视角 ·· 165

9.2.4　行业发展视角 ·· 167

9.2.5　宏观环境视角 ·· 169

参考文献 ·· 171

1

绪　论

1.1　研究背景

中小企业是国民经济和社会发展的主力军，中小企业的创新发展能够有效促进经济增长，并在保障就业、改善民生等方面起到积极的作用。同时，中小企业在资本市场的要素配置中也具有枢纽作用。中小企业融资容易受到劳动力成本、应收账款、物流、上下游企业等因素的影响，新冠肺炎疫情的暴发更是加重了中小企业融资成本，使得大部分国内中小企业的经营成本加大、经营困难加剧。中小企业融资问题一直备受党中央、国务院高度重视，相关部门相继出台系统性政策措施：2020 年 7 月，国务院公布《保障中小企业款项支付条例》；2021 年 11 月，国务院办公厅印发《关于进一步加大对中小企业纾困帮扶力度的通知》；2022 年 5 月，国资委印发《关于中央企业助力中小企业纾困解难促进协同发展有关事项的通知》。一系列政策措施的出台，显示了党中央、国务院对中小企业融资问题的高度重视，也间接反映出对中小企业融资问题的研究迫在眉睫。

中小企业融资难、融资贵的问题是内生的，想要有效缓解这个问题，不仅需要传统银行业的转型和改革，更需要整体金融市场的转型和改革。逐步建立多层次的资本市场是一个可行的路径，但这必然要求逐步建立针对中小企业的信用评级体系，中小企业信用测度是中小企业信用评级体系的基础和核心。因此，中小企业信用测度研究是解决中小企业融资问题的基础。

首先，中小企业融资方式具有较强的局限性。企业融资方式分为外部融资和内部融资两种。其中，外部融资是企业通过资本市场或者其他投资者筹集资金的方式，包含股权融资和债权融资等形式。外部融资又可以分为直接融资和间接融资，直接融资是企业在资本市场上通过股票和债权等金融工具直接筹集资金的方式；间接融资是企业通过商业银行等金融中介机构间接获得资金的方式。与外部融资相对，内部融资主要利用企业内部自有资金，依靠企业盈利、留存收益、未分配利润等，内部融资具有自主性、低成本性、低风险性等特征，在内部融资过程中，信息不对称程度大幅降低，融资激励更具效率。同时，内部融资也可以大幅降低融资成本和信用交易费用，企业对资金的控制权更高，但内部融资受到企业资产规模、预期收益率、企业自身盈利水平和能力等因素的限制，中小企业融资方式分类与比较如表1-1所示。根据智研咨询发布的《2022—2028年中国中小企业贷款行业市场现状调查及未来前景分析报告》显示，目前我国中小企业的主要融资方式仍为内部融资，且比重超过80%，这与西方发达经济体相比，具有较大的差异。

表1-1　中小企业融资方式分类与比较

融资方式		具体形式
外部融资	直接融资	股权融资、债权融资、信用融资、贸易融资、风险投资、并购融资、重组融资、企业债券融资、资产证券化产品融资、私募债融资等
	间接融资	商业银行贷款、民间借贷、信用贷款、担保贷款、委托贷款、信托贷款、消费贷款等
内部融资		企业盈利、留存收益、未分配利润、充值投资、私人借款等

其次，中小企业融资难问题已经严重影响其生产经营和创新发展。2019年6月，中国人民银行会同中国银行保险监督管理委员会等部门编写了《中

国小微企业金融服务报告（2018）》，该报告从六个方面总结了小微企业融资的问题，包括小微企业融资受宏观经济影响较大、金融机构组织体系和服务能力仍然有待改进提升、小微企业自身素质偏弱影响金融服务可持续性、多层次资本市场建设和直接融资服务有待完善、政策性担保体系的支撑作用尚未完全发挥、社会信用体系和营商环境有待优化。中小企业"融资难、融资贵"是个世界性的难题，但是，笔者认为，仍然可以从中小企业内部、外部两个维度分析其原因。

从中小企业内部维度看，第一，中小企业的经营方式往往以粗放型为主，企业规模小、制度化规范化管理缺失、产品品类固定且单一，因此，其经营风险较大且抵御风险的能力较弱。此外，由于大多数中小企业缺乏科学合理的内部决策机制、内部控制制度、管理制度和内部激励制度等，这不仅会导致企业员工缺少工作积极性，而且内部员工的忠诚度普遍较低。第二，中小企业缺少足以支撑信贷抵押和质押的固定资产，导致其贷款担保成本升高。从银行角度看，由于存在较为严重的信息不对称问题，商业银行会提高中小企业贷款融资的门槛，或者要求以土地或房产等固定资产作为贷款抵押或质押，大多数小企业往往通过租赁的方式取得生产经营场所，因而缺少足值的固定资产作为抵押物，或者，即使在有贷款担保的前提下，中小企业能够从传统商业银行中获得的信用贷款额度也非常有限，并且，在没有充足抵押物的前提下，中小企业通过担保公司、上市公司、上下游企业连带担保等方式进行贷款担保也会加大贷款和融资成本，增加企业经济负担。第三，现阶段我国针对和服务于中小企业的信用信息系统尚未建立健全，社会信用体系建设的政策有待进一步落地和推进。这就导致许多中小企业的信用信息严重缺失，信息存储和更新也存在较为严重的时滞，且社会信用体系已经归集的信息并不能有效使用，社会信用体系建设的应用场景开发在许多省市还处于空白或探索阶段。社会信用体系建设缓解中小企业融资难、融资贵的社会效应有待进一步发掘。加之新冠肺炎疫情等宏观经济不利因素的影响，导致许多中小企业经营面临困境，资金流不足导致还债能力下降，中小企业群体的整体信用状况受到更为严重的负面影响。

从中小企业外部维度看，一方面，信息不对称的普遍性导致中小企业融资"雪上加霜"。信息不对称现象普遍存在于经济活动中，尤其是以信用为基础的借贷关系（债权债务关系）中，一是借贷双方在盈亏权责方面存在信息不对称，二是借贷双方在投融资风险认知方面存在信息不对称。对中小企业而言，这种现象表现得更为明显，中小企业在自身的经营管理、生产运营、优势劣势、财务状况、上下游企业关系等方面处于信息优势，而资金出借人则处于信息劣势，加之中小企业财务报表和相关制度文件不甚规范，企业信息透明度普遍较低，这就导致中小企业在融资过程中存在先天弱势。另一方面，国家和各地区对中小企业融资的政策扶持力度不足。缺失融资支持政策是我国中小企业融资渠道单一的根源之一，不利于多层次资本市场和金融市场的建立。现阶段，中央和各地市相继出台了支持中小企业融资的政策、制度和措施，但是政策制度数量仍严重不足，且尚未形成体系，政策和制度的逻辑性和持续性不强，落地效果不佳，无法满足中小企业资金需求，政策制度体系建设任重而道远。

最优金融结构理论指出，具有自生能力的企业规模和风险特征，以及社会最优产业结构和金融服务需求是由特定经济发展阶段的要素禀赋结构决定的（林毅夫等，2009）。由于不同经济发展阶段的金融制度安排各异，尤其是在储蓄政策、资金配置和风险控制等方面的优劣势存在差异，因此，金融体系功能能否充分发挥取决于特定经济发展阶段下，最优金融结构与经济体金融服务需求的匹配程度。林毅夫等（2012）进一步指出，特定经济发展阶段有特定的要素禀赋结构，要素禀赋结构内生决定该阶段的最优产业结构，在不同的产业结构下，不同企业具有不同的信息、规模、风险、需求状况，进而产生了不同的金融需求。同时，在不同经济发展阶段下，金融结构的信息获取方式、风险控制手段、交易费用和成本等也各不相同，金融体系的效率最优点出现在金融结构与最优产业结构下金融需求的"交叉点"。根据这样的理论观点，当前我国的经济结构和经济发展阶段对中小企业较为不利，这时，必要的金融扶持和政策支持显得不可或缺。

金融的普遍规律是高风险对应高收益。但是，中小企业贷款的风险和收益并不匹配。现阶段，虽然商业银行对中小企业收取的贷款利率往往高于大型企业，但是商业银行利息的边际收益较小，高出大型企业的利息收益无法弥补中小企业贷款的风险，这也是商业银行普遍存在"信贷歧视"和"规模歧视"的根源。想要从根本上缓解中小企业融资难的困境，需要建立针对中小企业融资特点的金融服务模式，并建立相应的风险收益定价模式。基于商业银行审慎经营和风险规避的本质特征，应对中小企业贷款风险不仅需要传统银行业的转型和改革，更需要整体金融市场的转型和改革。理论界和金融界较为认可的一个可行路径是逐步建立多层次的资本市场，这必然要求逐步建立针对中小企业的信用评级体系，因为，中小企业信用测度是中小企业信用评级体系的基础和核心。本书将中小企业信用测度的概念建立作为研究出发点，逐步展开理论基础、信用风险形成机理、中小企业信用测度指标体系、信用测度方法的实证分析、信用测度方法的效果比较、中小企业信用测度体系构建等研究工作，以期更系统地构建中小企业信用测度理论，为中小企业信用评级体系构建、中国金融市场改革提供一些基础性理论支撑，并为缓解中小企业融资难题添砖加瓦。

1.2 实践现状

发达经济体一般伴随发达的金融市场和资本市场，并会有一些缓解中小企业融资难题，推动中小企业融资发展的成功经验和做法，卓有成效的有美国、日本、英国等国家和地区。

美国的做法是由官方设立专业机构，专职为中小企业提供融资服务。1953年，美国成立美国联邦中小企业署，该机构是美国的一个永久性政府机构，可以直接为美国的中小企业提供多种类、多目录的贷款项目。同时，美国联邦中小企业署还为信誉较好的中小企业提供信用担保服务，通过信用担保、短期借贷担保、保证证券担保等多种金融工具，确保中小企业获得更便捷、低成本的金融服务。

与美国的做法类似，日本政府也是通过设立专业的政府机构来缓解中小企业融资难题的。这样的政策性金融机构主要包含三个"公库"，分别为中小企业金融公库、国民金融公库和工商组合中央公库。其中，中小企业金融公库主要负责向日本的中小企业提供一般性金融贷款或特别政策优惠贷款等；国民金融公库主要负责向日本的小型和微型企业提供政策性金融支持；工商组合中央公库则主要负责对中小企业的经营和创新项目提供特别的政策性金融支持。

英国政府主要通过设立特别的政策性基金来支持中小企业融资和创新发展。具有代表性的主要有三种：第一种，王子信托企业计划，主要是通过"王子信托基金"为英国广大年轻人提供创业资金支持；第二种，地区风险投资基金，该基金主要为具有较高增长潜力的中小企业提供金融和资金支持；第三种，担保企业基金，该基金于1999年由英国贸工部设立，主要为中小企业的商业银行贷款和风险投资等提供担保服务，以缓解创新型、成长型中小企业的债务困境和融资约束。

根据国外成熟经济体的发展经验，同时结合我国经济发展的特殊时期和中国特色社会主义的实践要求，党中央、国务院同样意识到中小企业创新发展对我国经济发展和市场化改革的重要意义，也深入了解中小企业的融资困境，逐步加大了对中小企业的金融政策支持，并在实践中不断引导金融模式创新。较有成效的做法可以概括为三个方面：首先，推动金融模式创新，运用供应链金融、普惠金融、金融科技、科技金融等新型工具和手段，助力中小企业从传统金融市场中获得更多金融支持；其次，推动金融市场改革，逐步建立和完善多层次资本市场，如全面推进股票发行的注册制改革、完善信息披露制度、建立健全市场化退市机制、立法建立声誉机制、创新推出中小企业股份转让系统、培育私募市场等；最后，积极鼓励并推动地方金融政策创新。

2012年以来，我国经济增长从高速转为中高速，经济增长速度放缓使得原本被经济高速增长所掩盖的深层经济社会问题逐渐暴露出来，中小企业融资难、融资贵问题就是其中之一。2013年，《国务院办公厅关于金融支持小微企业发展的实施意见》颁布实施，之后，国务院办公厅、中国人民银行、国家税务总局、国家发展和改革委员会、财政部等相关部门陆续颁布多项财政金融政策,专项支持中小企业创新发展,助力中小企业缓解和突破融资难题。同时,中央和地方各级人民政府也积极拓展中小企业融资途径,建立健全支持中小企业融资的相关政策法规。据不完全统计,2014 年至今,我国从中央到各地新颁布的支持中小企业融资的政策法规 200 余则,支持中小企业创新发展的政策法规体系正在建立健全。

根据国外发达金融市场和资本市场发展经验,笔者认为,缓解我国中小企业融资困境可以从两个方面着手。第一,建立健全区域性中小企业发展基金。实践证明,我国各级资本市场缺少专业性和普惠性的中小企业融资支持机构。杭州市的经验表明可以由地方政府财政引导和注资,建立全国性或地方性的中小企业发展基金,结合金融杠杆等创新型金融工具吸引社会资本参与,实现基金的市场化运营,从而为中小企业创新发展提供必要的金融支持。

第二,以政策支持在传统商业银行内部设立中小企业融资部门,进行中小企业贷款风险与收益再匹配。现阶段,国内多数商业银行已经建立中小企业服务部门,但通行的做法是扩大中小企业贷款的风险容忍度,提高中小企业贷款价格,在银行贷款五级分类制度的基础上,对各类型中小企业信用风险进行再细分,其做法并没有改变传统商业银行对中小企业的贷款歧视。新设立的中小企业融资部门,在部门设置上可以由总行相应职能部门直线领导,但是中小企业贷款的绩效可以计入分支行绩效考核体系中。一旦某机构中小企业贷款出现高风险,总行可以引导坏账优先剥离和出售,也可从通过设立针对中小企业贷款的不良资产处置机构对接相应的基金或机构。当然,这需要创新和改变传统商业银行的经营理念,同时创新推动投贷联动等新型银行经营管理方式。

从以上各种解决思路中不难发现,对中小企业的信用评级必须且重要,而作为中小企业信用评级基础和核心的信用测度更为重要。以上缓解中小企业融资困境的方式,其内核都需要建立一整套完整、科学且适合中小企业创新发展的信用评级指标体系和评级模式,这样才能更有效地促使中小企业融资支持政策落地。中小企业的信贷支持政策如何找到对应的目标企业;不同信用级别的目标企业如何获得不同类型的金融支持；针对中小企业的信用评级指标体系构建等问题是信用测度的关键问题，也是本书的研究出发点。通过对中小企业信用测度问题进行研究，推动中小企业信息披露制度的建立健全，结合传统统计工具方法和大数据技术，建立更加科学和精准的中小企业信用评级体系，最大限度降低中小企业融资过程的信息不对称现象，为广大中小企业创新发展提供科学和实际的理论支撑，为中国金融市场化改革和资本市场完善和发展提供理论结合实践的依据是本书期待达到的较高目标。由此可见，通过中小企业融资困境的理论分析，结合国外先进的发展经验，研究中小企业信用测度问题，对建立中小企业信用评级体系，规范和监督中小企业金融行为，进而缓解中小企业融资难题，具有一定的研究价值。

1.3 研究意义

信用评级对缓解中小企业融资困境意义重大。无论中小企业采取何种融资途径或者融资方式，亦无论政府部门颁布何种支持政策和措施，都需要推动中小企业信用测度的科学化、智能化、精准化发展，进而推动经济社会建立健全中小企业信用评级体系。随着企业创新发展和规模扩大，一方面，企业的融资需求会大大提升；另一方面，企业通常会降低内部融资比例，同时增加外部融资比例。但是由于中小企业自身的特点和传统金融体系对中小企业的信贷歧视，中小企业无法从传统金融体系中获得与发展需求相适应的金融支持，这已然成为中国金融市场的常态。

我国的资本市场建立和发展相对滞后，现有的资本市场直接融资途径、要求和门槛对中小企业而言有些"望尘莫及"，中小企业想在国内的资本市场中，通过发行股票或债券等方式取得直接融资难度较大。同时，现有的评级体系和评级指标往往是针对大中型企业，中小企业碍于自身特点，具有不同于大中型企业的信用特征，在现有的评级体系中也会受到较大的限制，体现出许多方面的不适应性，加之疫情等外部宏观经济环境的影响，中小企业融资的市场认可度较低，举债或融资在途径、渠道、成本和规模等方面都受到很大的掣肘。但是，相对于间接融资，直接融资仍然是中小企业最可行的融资途径，发展直接融资市场是当前我国缓解中小企业融资困境的有效手段和最佳突破口。在直接融资途径中，债券市场体系建设意义重大，建立健全完善的债券市场体系可以推动我国直接融资途径的优化，完善多层次资本市场建设和现代化金融体系建设，分散传统金融市场风险，完善国内金融体系建设，这也是中国特色社会主义市场经济体制建设的一个重要节点。根据中国人民银行统计信息，2021 年债券市场共发行各类债券 61.9 万亿元，同比增长 8%，2012~2021 年，该项数据实现了阶梯形增长（见图 1-1）。

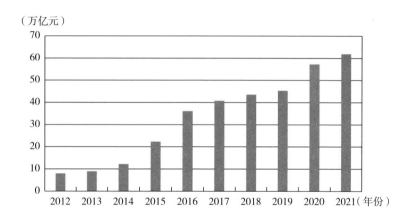

（万亿元）

图 1-1 2012~2021 年我国债券市场发行各类债券总计与增长情况

资料来源：笔者根据中国人民银行网站发布的数据自行整理。

统计数据显示，企业中期票据、私募债券、短融券等非金融企业直接融资工具对直接融资市场的推动作用明显。随着国内金融市场化改革、多层次资本市场的建设和完善，针对中小企业的直接融资市场规模不断扩大，对中小企业信用评级提出了更新、更高的要求。然而，我国尚处于市场经济转型时期，金融市场、资本市场和债券市场的发展相对滞后，在推动直接融资市场发展和金融创新的过程中，应当避免金融脱离实体经济的窘境，防范系统性金融危机的爆发，这是金融监管者、金融从业者、风险管理者、信用管理从业者以及相关理论研究领域的专家学者都应当共同关注和深入研究的课题。以金融科技的监管为例，现阶段，国内针对金融科技的监管政策是平台与资金池互相隔离，即金融科技平台（公司）只能为网络借贷双方提供中介平台服务，不参与资金的借贷过程。对于多数金融科技项目而言，往往与公众（散户）资金安全息息相关，监管机构不应粗略地进行"一刀切"式的监管，应当对不同资金体量的金融科技项目设置不同的安全和风险预警要求，例如，要求相关项目披露交易主体的基本信息、信用信息记录等并及时进行风险提醒和预警。现阶段国内一些较大的金融科技平台已经开始着手开发或者应用实施自己的信用评级系统，监管机构也应当及时参考和比对外部评级标准，推动平台间中小企业信用信息的互联互通和及时共享，提升信用信息和数据的连续性和有效性。本书提出的中小企业信用测度不仅蕴含在企业外部评级系统内，同时也包含在金融机构或者金融平台内部风险管理和信用管理从业者基于信用信息对经济主体的信用评价过程中。

由此可见，缓解中小企业融资困境，需要建立健全具有中国特色的中小企业融资体系，重构中小企业信用评级体系。当前的评级体系更适合大中型企业或一般类型的企业，与中小企业的融资需求不相适应，更缺少有针对性、精细化的指标体系，这就需要进一步建立健全针对中小企业的信用评级指标体系，与时俱进地完善和补充指标内容，同时不断完善与之相配套的政策体系建设。系统深入研究中小企业信用测度问题，一方面可以分析和理解中小企业信用风险的形成机理，另一方面也有利于中小企业信用交易双方和金融市场监管者制定科学和严格的信用评级指标体系，并精确预测中小企业信用风险动向，因此，对企业信用管理和企业信用评级都有重要的实践指导意义。

现阶段，有关中小企业信用测度的研究存在四个方面的突出问题。第一，信用测度的概念尚属首次提出，本书综合分析统计测度的概念和理论框架、信用的基本内涵和理论框架、信用风险的内涵和基础研究理论，以及信用风险测度的研究基础，系统梳理四者之间的内在逻辑和理论相关性，总结和概括出信用测度的概念，并以此为切入点，借助传统的统计学、金融学、风险管理、信用管理等学科的研究基础，展开系统研究和论述，关联和融合统计与信用管理，最终尝试为信用管理和企业信用评级领域中的信用测度问题建立基础理论研究架构（见图1-2）。这样的研究具有一定的创新性和开创性，但是这部分的研究可以参考的文献较少，因而也是本书需要着力突破的研究难点之一。第二，中小企业信用评级的深入研究文献较少，已有的大部分文献主要集中分析中小企业的风险特性，缺少系统的中小企业信用风险形成机理、信用评级指标体系、信用评级与测度方法对比等理论研究成果。第三，现有研究成果中，有关中小企业的信用评级指标体系沿用了传统金融学的信用风险评估指标体系，没有针对中小企业自身的信用风险特性，设计专门的指标体系。第四，现有的信用评级方法多数仍停留在定量与定性相结合的传统信用评级模型或信用风险评估模型，大数据时代对传统的统计学研究理念和研究方法产生了重大的影响，对中小企业信用测度进行研究，应该关注数据科学与大数据技术、人工智能、机器学习等新兴技术领域。

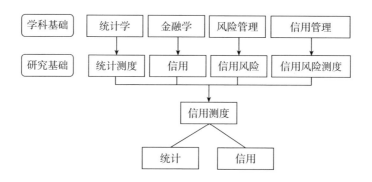

图1-2　信用测度的理论基础与研究架构

综上所述，本书从信用、信用风险、信用风险评估这些基础理论着手，结合统计测度的研究逻辑，首先建立信用测度的基本概念和理论框架。其次，借助信用风险管理的研究逻辑，分析中小企业信用风险的形成机理，进而尝试从理论角度构建中小企业信用额度的指标体系，然后基于大数据技术对信用测度模型进行实证研究，并在对比不同实证研究结果的基础上尝试构建中小企业信用测度体系。笔者希望通过这样系统性的研究，为改善我国中小企业融资困境提供一定的理论和实践借鉴。

一方面，本书将为中小企业信用评级理论提供一定的研究基础。分析中小企业信用交易的主体关系和中小企业信用测度的影响因素，结合经济学研究范式，形成中小企业信用测度的研究框架，并以此分析中小企业信用风险的形成机理，进而测度中小企业信用风险的大小。中小企业信用测度的研究框架还将着眼于中小企业的特性，设计专门针对中小企业信用风险的测度指标体系。同时，基于大数据技术，本书也会将与信用风险相关的环境因素、相关关系等考虑在内，这样的研究在一定程度上优于传统的信用风险评估体系。

另一方面，本书将对中小企业信用测度和信用评级产生重要的实践指导价值。首先，本书尝试分析了中小企业信用风险的形成机理，强调了中小企业融资过程中信用风险的重要性，并为之提供可靠的理论依据，这将为降低中小企业融资风险提供指导性的借鉴。其次，新构建的中小企业信用测度指标体系将更有针对性地为传统商业银行的中小企业贷款风险决策提供理论依据。最后，本书尝试构建中小企业信用测度体系，探索提升中小企业信用测度精准度的有效路径，为商业银行选择优质中小企业客户做出更优的经营和风险决策提供理论依据。

1.4　研究内容与框架

第一部分是中小企业信用测度理论。首先，界定并明确了研究视角、中小企业范畴、信用与信用风险、信用测度指标体系、中小企业信用测度与信用测度体系等相关核心概念；其次，描述中小企业信用测度的内涵及特征；最后，依次综述和评析中小企业信用测度的方法。

第二部分研究中小企业信用测度指标体系。首先，描述现有大数据环境下中小企业信用测度指标体系；其次，进行大数据环境下中小企业信用测度指标体系再设计；最后，重建大数据环境下中小企业信用测度指标体系。

第三部分是从政策分析的视角对中小企业信用测度开展实证分析。首先，利用 Cite Space 对知网获取的 520 篇核心期刊进行分析，获取现下研究热点；其次，在政策文本分析上，主要借助 Python、Cite Space 与 ROST CM6 等软件，利用 Python 对政策文本进行抓取，然后利用 jieba 分词库，基于 TF-IDF 算法进行关键词提取处理，并生成词频、词云图等基础信息；再次，利用 ROST CM6 进行社会网络分析，接着使用代码对文本数据格式进行伪装处理；最后，将准备好的文本导入 Cite Space，实现中小企业信用政策文本的关键词可视化分析。

第四部分是基于信用交易视角的中小企业信用测度实证研究。首先，随机选取 29 家在 2017～2019 年发生实质性债券违约的中小企业和以 1∶5 的比例选取的 145 家对照组非违约中小企业的财务指标为研究样本；其次，结合文献梳理我国中小企业信用交易的实际情况，筛选主要影响因素的指标；最后，利用 Logistic 构建模型进行信用测度，并用永泰能源财务指标验证模型结果。

第五部分是区域发展视角下的中小企业信用测度研究。利用 KMV 模型对河南地区中小企业进行了信用风险测度研究，选取了河南的一些中小企业作为样本数据，运用 KMV 模型和 Matlab 计算出企业的违约距离，进而通过该模型对河南地区中小企业进行测度分析。

第六部分是行业发展视角下的中小企业信用测度分析。首先，针对我国房地产业信用风险现状选取 24 个相关财务指标进行主成分分析；其次，利用 Logistic 模型构建我国房地产企业信用测度模型，选取 ST 企业 7 家、非 ST 企业 43 家共 50 家房地产企业作为样本进行信用测度，识别出影响我国房地产行业的上市公司信用风险的关键因素，以高效识别信用风险，为房地产企业信用风险的事前防范和信用风险管理效率的提升提供实证依据。

第七部分是宏观环境视角下的中小企业信用测度研究。首先，采用国泰安数据库获取指标数据，而后运用 Stata 16 软件以经济政策不确定性指数为解释变量、企业信用规模为被解释变量构造固定效应模型，分析经济政策不确定性对中小企业信用的影响，进而分析在中小企业信用测度过程中的宏观环境变量。

本书的研究逻辑框架如图 1-3 所示。

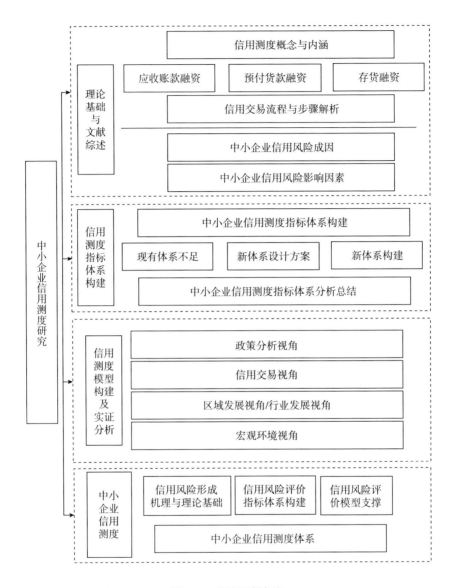

图 1-3 研究逻辑框架

2

理论基础与文献综述

2.1 理论基础

2.1.1 信用与企业信用

信用的英文翻译是 Credit，源于拉丁文 "Credo"，意为相信、信任、声誉等。《牛津高阶英汉双解词典》中 "Credit" 一词的含义比较广泛，从信用的角度做出的解释是："信贷、信誉" "品质" "相信"（动词）。亚当·斯密、李嘉图和约翰·穆勒的信用媒介论认为，信用与一个国家的经济发展程度密切相关，作为交易媒介的信用能够减少社会资本闲置，因此可以将信用定义为交易媒介。肯尼斯·约瑟夫·阿罗（Kenneth J. Arrow）也从信用功能角度对信用进行了阐述，他强调信用的价值属性，认为信用是商品且具有经济价值，信用能够提高经济社会的运行效率，是社会系统有效运行的润滑剂。《大英百科全书》从借贷的角度对 Credit 做了较为狭隘的解释，认为信用是一种交易行为，且以彼此的信任为基础。在信用交易过程中，一方承诺未来偿还某种商品、服务或者货币，而另一方在信任的基础上，为其提供所需。马克思则从这个视角出发将信用定义为价值运动的特殊形式，是一种有条件的付出或偿还。从以上对于信用范畴的阐释可以看出，国外多将信用与交易和信贷紧密结合起来，并且在一些著作中将"Credit"一词直接解释为信贷，如《大英百科全书》《牛津高阶英汉双解词典》等。

《现代汉语词典》也从信用的伦理学含义和经济学含义对其进行了阐释：第一，信用是因履约而获得的信任；第二，信用无需担保物即可到期偿付；第三，特指商业银行以货币为媒介的借贷行为或企业之间的赊销和预购行为，这也正是信用在现代语境中的一般含义。同时，国内也有学者从不同角度对信用的概念做出了相关界定。吴晶妹（2017）从道德和经济两个范畴阐释信用的内涵，道德范畴的信用就是诚信的意思；经济范畴的信用直接与交易主体的利益相关联，同时能够维持经济运行的稳定性。吴晶妹（2011）重点分析了信用的媒介作用内涵。

可见，信用的内涵十分丰富，包含伦理、经济和法学等，但是本书研究的侧重点在于企业信用对于企业融资效率的作用机理和影响路径，需要作必要的数理分析，因此信用的可评价、可估计是十分重要的。参考信用内涵范畴的法律属性，本书定义信用为"社会对市场主体的履约能力和履约意愿的评价"，以方便研究的进行。结合信用的这一含义，企业信用的概念可以界定为"社会对企业的履约能力和履约意愿的评价"。

Fombrun 和 Shanley（1990）认为，企业信用是其利益相关者对企业的履约能力和意愿所做的判断，企业的利益相关者根据自身利益判别与之相关的信用信号，而不同的利益相关者会释放不同的信用信号，导致信用信号具有多样性的特点。Richard（1996）提出，企业信用是规范企业的社会、经济和管理行为的结果。Shenkar 等（1997）在前人的研究基础上提出企业信用是企业的一种声望，它象征着企业的权威和特征，也代表着企业社会责任的社会认同性。

综合上述企业信用的相关定义，结合本书所设定的研究内容——以民营企业作为研究视角，探析企业信用与融资效率的关系。本书从民营企业融资的角度将企业信用的含义界定为：在不确定条件或信息不对称条件下，社会对企业在融资活动中履行约定能力与意愿的评价与预期。这里强调企业信用的可评估与可预测性，具体来说：一是企业信用能够代表企业履行还本付息与按计划高效率使用融措资金的能力；二是企业信用能够体现企业履行约定的意愿；三是既往的企业履约记录能够预测企业当前的履约意愿与履约能力。

2.1.2 从商业信用到企业信用

笔者认为，在经济学领域中，商业信用的研究和实践早于企业信用，企业信用是在商业信用发展的基础上，扩充了商业信用的内涵和外延，并结合现代化的企业管理理念应运而生的。但是二者或者是包含与被包含的关系，或者是取代与被取代的关系，研究商业信用向企业信用的发展过程，有助于深入理解企业信用的内涵。马克思早在 19 世纪就对商业信用做出了定义，认为商业信用是资本家在生产过程中相互提供的信用。鲁道夫·希法亭（Rudolf Hilferding）也有类似的观点，认为商业信用是资本家之间相互提供的一种商品。他们均强调商业信用的流通职能。现代西方经济学的主流观点则认为，商业信用是在经济主体间因交易而产生的短期的资金融通方式。江其务（1997）将商业信用理解为企业以延期交割货款的方式，让渡信用资本给企业的利益相关者，是建立在企业间、以商品交易为基础的直接信用形式。商业信用的多少取决于企业的商业资本量，进而影响企业的资本循环和再生产过程的持续进行。

对商业信用与企业融资相关性的研究始于西方经济学的信贷配给理论。Meltzer（1960）首次提出了信贷配给问题。他指出，信贷配给的产生源自于金融市场的内在缺陷，这种缺陷使得大企业获得了小企业无法比拟的相对优势和利益。Stiglitz 和 Weiss（1981）基于信息不对称的研究视角，全面地分析了企业与金融机构之间的逆向选择和道德风险问题。他们认为，金融机构的贷款发放不但受到贷款利率的影响，还受多种因素的综合影响。即使在完全竞争市场中，也存在信贷配给现象，即部分资金需求方即使愿意支付更高的贷款成本（即贷款利息），但仍然存在被"挤出"金融机构信贷市场的可能性。他们分析了大型企业因为具备良好的管理制度、财务管理体系和会计信息披露机制（可以看作无形的信用资产），同时兼具充足有形资产作为贷款抵押和担保物（可以看作有形的信用保障），大大降低了信贷市场中的信息不对称程度，减少了企业与金融机构之间的逆向选择和道德风险问题，因此更容易获得金融机构贷款支持。相比于此，中小微企业的类似信用机制（无形信用资产和有形信用保障）并不健全，就会被"挤出"金融机构信贷市场，而转向以商业信用形式寻求资金支持。在此基础上，Petersen 和 Rajan（2002）的研究指出，能够较容易获得金融机构信贷支持的大型企业，更倾向于以商业信用的形式将部分融资转移至中小微企业。这个结论与张杰等的研究结论类似，张杰等（2013）认为，中国的商业银行体系存在较为严重的"所有制歧视"，但是，因为银行信贷与商业信用之间的替代效应，使得国有企业获得的商业银行贷款可以部分转移至民营企业。Danielson 和 Scott（2011）也证明了企业获得的金融机构信贷规模与其使用的商业信用规模存在正相关性。

作为信贷配给理论的延续和发展，融资动机理论和融资比较优势理论继续论述了商业信用与企业融资之间的关系。这两个理论认为，商业信用是信贷配给过程发展的产物（直接信用），能够为企业提供比较优势，因而也成为金融机构信用（间接信用）的替代形式。它是在资本市场不成熟的条件下，商品的买方以较低的成本从卖方处获得的融资。Ferris（1981）的研究证明，商业信用可以降低买卖双方的交易成本，促使买方向卖方寻求商业信用融资，进而替代向银行贷款的高成本融资模式。商业信用可以有效降低买卖双方的交易费用，双方因为信息不对称现象而需要付出的资信调查费用、信息收集费用等的总和要小于间接融资所支付的间接费用。

综上所述，随着经济发展，市场环境日趋复杂，商业信用也逐渐开始向更深更广的范畴发展。一方面，企业信用是在商业信用发展的基础上逐渐产生的，它结合现代化的企业经营和管理理念，拓展了商业信用的内涵。企业信用不仅是企业的一种特定的交易方式（预先或延迟交割货物款项），也不仅是企业的一种短期融资方式，而且是企业"履行约定能力与意愿的评价与预期"。履行约定的含义不仅包括预先或延迟交割货物款项，还包括企业对员工、企业对股东的履约等（企业内部的信用制度），以及企业对金融信贷的履约、对上下游企业的履约，甚至对市场和社会的履约等（企业外部的信用制度）。另一方面，虽然企业信用与商业信用存在本质差异，但是两者相互关联的特性也是客观存在的，对商业信用和企业融资相关关系的研究成果进行综述，对研究企业信用与企业融资问题具有一定的理论借鉴意义。

关注企业信用问题的学者大多数都会关注中小企业信用问题和民营企业信用问题。笔者整理了大部分有关民营企业信用管理的相关文献作为研究中小企业信用问题的借鉴和参考。"民营企业"这个词发源于我国，国外因为经济体制的原因很少将国内企业划分为国有企业与民营企业，而是更多地将企业分为中小型企业和大型企业等。"民营企业"一词是我国社会主义市场经济体制改革中对非国有企业的总称，我国法律中并没有给"民营企业"一个明确的概念界定。因此，本书也不对民营企业的概念进行深究，主要是厘清民营企业在本书中具体是指什么类型的企业。

从当前对民营企业的界定来看，主要可以分为广义范围界定和狭义范围划分。广义上的民营企业概念比较大，其仅要求是与国有独资企业相对的，可以包括国有持股和控股企业。从狭隘的角度来看，民营企业必须是纯粹的民间资本和民间经营，在所有制和经营管理两个方面与国有企业进行严格区分，即民营企业只包括私营企业和以私营为主的联营企业。广义上的民营企业包含国有持股与控股企业，其在很多方面享受与国有企业相同的政策，信用水平也因加入了国有成分而比普通的私营企业和民间企业更高，因此融资并不会遇到较大的困难。因此，本书所研究的民营企业是从狭义角度出发的，主要是指私营企业、个体企业和非国有控股的联营企业。集体企业也是一个与国有企业相对应的区分，尽管集体企业并非国家所有和经营，但是一般集体企业都由地方政府控制，享受地方优惠政策，其融资过程一般比较顺利。因此，集体企业在本书研究中并不将其归为民营企业。其实本书是将民营企业狭隘地定义为了私营企业。此外，在本书的研究过程中，并未对相关企业进行信用评级，而是直接借用权威评级机构的评级结果来代表企业信用水平的高低。

现阶段，不少国内学者针对民营企业融资难的问题提出了一些政策建议，如建立民营银行或中小企业银行专注于民营企业和中小企业贷款；由政府牵头建立民营企业担保基金；引导传统商业银行转变信贷结构，对民营企业实施贷款倾斜等。笔者认为，这些都无法从根本上解决民营企业融资难的现状，民营企业融资难的问题归根结底是企业信用管理的问题。现阶段，国内民营企业的信用问题较为突出，如贷款恶意拖欠、偷税漏税、抽逃资金、产品和服务质量较差，甚至恶意欺诈等行为时有发生（具体将在本书第 3 章进行论述），对民营企业的发展带来重大负面影响，而影响最严重的就是民营企业的融资活动。企业的融资行为是一种以资本为媒介的信用交易活动，企业融资活动（包括内源融资和外源融资）以企业信用为基础，企业信用水平的高低直接决定了企业融资的难易。在企业的融资活动中，由于存在较为严重的信息不对称、外部性和自我履约约束等问题，进而导致信贷需求方的道德风险，因此，其履约能力和履约意愿的高低（即企业信用水平的高低）就成为交易能否顺利进行的关键之一。另一个保障交易继续的关键因素，就是信贷供给方对需求方的资信状况的调查、分析、鉴别的能力。由此可见，在没有政府信贷倾斜或支持的条件下，民营企业融资的关键影响因素是企业信用，从这个角度也可以佐证我国民营企业当前的融资困境。

综上所述，完善企业信用体系建设、建立健全中小企业内部的信用管理机制，不仅可以有效解决中小企业生产经营过程中的融资问题，还可以带动中小企业投资、经营、销售、人事等多方面管理程序的科学化、系统化和规范化发展。同时，企业信用还有助于中小企业与其外部的利益相关者建立良好的合作共赢关系，获取市场竞争力，进而促进社会信用体系的建立健全。

2.1.3 企业信用评级

企业信用的好坏、高低，并不是不可衡量的，这是本书研究企业信用与企业融资效率之间关系的前提条件，否则无法保障研究结果的可靠性。企业信用评级是指第三方信用评级机构依据科学的信用调查、数据采集和分析方法，对企业的履约能力和意愿进行的全面评估，其结果代表企业的信用水平。信用的评估最早可追溯到著名的债券评级机构穆迪公司的创始人约翰·穆迪在 1902 年对当时发行的铁路债券的评级。1909 年，约翰·穆迪在《铁路投资分析》一书中第一次对铁路债券进行信用评估，开创了信用评估的先河。随着经济的发展，金融在经济中的地位日益凸显，企业信用评估在投资者决策中越来越重要，尤其是西方经济体在遭遇两次严重的经济危机后，信用风险逐渐成为投资者和相关学者关注的热点。关建中（2015）对西方评级思想进行了梳理和分析，认为信用评级在长时间的发展之后已经拥有了一套科学的、比较可靠的评级理论和方法，能够全面的反映企业的信用信息，并强调了评级思想对于信用评级结果的重要影响作用[①]。经过百年的发展，企业信用评级作为一个系统而复杂的工程，虽然其评级指标和评级方法在不同国家与不同机构之间尚未形成统一，但是不可否认，企业信用评级在西方已经发展成了一个涵盖各个产业、各个层面的成熟体系，企业信用评级结果能够在很大程度上代表企业的信用水平。

尽管我国对于企业的信用评级起步较晚，但是可以借鉴西方发达国家的成熟经验。并且，随着市场化改革的深入，已经初步建立了适合我国国情的企业评级体系。企业征信是企业信用评级的基础，目前国内最大的征信机构——11315 全国企业征信系统已经拥有近 7000 万企业的信用数据资源[②]。该征信系统专门针对国内企业实施资信信息征集活动，分别从企业信贷信息、政府监管信息、市场反馈信息、行业评论信息、媒体评论信息、财务与运营信息六大维度建立企业信用档案。具体维度和指标如表 2-1 所示。

表 2-1　"11315 全国企业征信系统" 企业信用档案维度与指标体系

征信维度	指标体系
信贷信息	商业银行信贷评价，央行信贷评价，民间信贷评价等
监管信息	企业资质，行政许可，质量检测，行政奖惩，专利信息，法院裁判，税务信息等
市场反馈信息	合作企业评价信息，交易方评价信息，消费者评价信息，内部职工评价信息等
行业评价信息	行业协会评价信息，公共团体和机构评价信息等
媒体评论信息	电视、报纸、杂志、广播等传统媒介评价信息，网络等新型媒介评价内容等
财务与运营信息	企业财务和会计信息、企业管理评析评估信息、审计信息等

资料来源：11315 全国企业征信系统。

---

① 关建中. 西方信用评级思想研究［M］. 北京：人民日报出版社，2015.
② 11315 全国企业征信系统，参见 http：//www.11315.com，截止日期：2017 年 2 月 18 日。

由表2-1不难发现，现阶段国内的企业征信系统的指标体系已经包含了企业生产经营的诸多方面，其征信结果可以较为全面地反映企业的信用状况，显示企业的信用水平。同时，政府也逐渐开始对一大批征信公司和信用评估公司进行资质考核，并认可了一批具有一定信用评价实力的公司，其出具的信用评级结果也能够较真实地反映企业的资信水平，得到了市场的认可。因此，本书在研究企业信用时以企业的信用评级水平来表征企业的信用水平。

2.2　从统计测度到信用测度

这部分研究，笔者在借鉴李金昌教授的《统计测度：统计学迈向数据科学的基础》（2015）和《再谈统计测度》（2019）研究框架和研究内容的基础上，结合信用的内涵和理论基础，探索信用测度与统计测度的理论相关性，尝试从统计测度关联到信用测度，同时结合大数据技术的研究方法和理念，逐步确立信用测度的基本定义和研究逻辑。大数据时代下，传统统计学领域对大数据问题的研究逐渐增多，基于传统统计学、传统数学、人工智能、机器学习、计算机科学与技术等学科而构建的数据科学逐步形成。虽然数据科学和大数据是一个新兴的领域，学术界尚未对其形成系统完整的认知，但这个领域中的统计测度问题值得关注和研究。信用本质上是一种借贷关系，是信用交易的双方以货币或商品为媒介所形成的债权债务关系，研究信用问题离不开信用风险，这就需要关注信用风险评估（信用评级）的问题。在这个过程中，对信用风险的形成机理的研究、对信用风险成因的分析、对信用风险评估指标体系的构建等共同构成了信用测度的内涵，这与统计测度的内涵具有一致性。通过对统计测度内涵的分析与总结，笔者在这部分尝试总结出信用测度的内涵和定义。

2.2.1　从统计测度内涵到信用测度定义

汉语中的"测度"指揣度、猜测、估计。数学领域的测度往往特指一个函数，它对一个给定集合的某些子集指定一个数值，用来代表概率、体积、容积等，即测度把每个集合映射到非负实数来定义集合的大小，空集的测度等于0，集合变大则测度随之增大。学术界有关统计测度定义和内涵的研究几乎没有。社会经济领域有一些分析测度的研究成果，例如，风险测度、货币流动性测度、工业化进度测度、社会发展进程测度、效率测度、社会公平性测度、人力资本测度等。社会经济领域的测度属于再测度，而不是分析测度内涵的原始测度（李金昌，2015）。Finkelstein（2003）认为，测度是对现实世界中特定现象的个体和特征属性进行量化的过程，社会经济生活中，结合定量技术和现代思维方式，测度逐渐成为一种描述世界的、实际有效的工具和方法。测度的结果往往以数字或者数字符号的形式表示。Mari（2013）认为，测度被公认为不仅是一种正式表达信息的基本方法，还是一种跨学科的统计方法。测度将世界复杂的现象用精确和简洁的数学语言来表达。

有关统计测度的定义，学术界并没有统一的界定。李金昌（2015）认为，相对于函数形式表达的数学领域的测度的概念，统计测度的目的在于描述现实世界，因此统计测度的界定要更复杂。他认为，统计测度是用一定的符号和数字，基于特定的载体或形式，对所研究的事物或者现象的本质特征进行量化描述和统计分析的过程。统计测度具有三个属性：第一，以量化为目的，测度结果在于生成可以用于统计分析的数据，把现实世界的信息转化成数量，以得出简洁易懂的定量结果；第二，以现实世界中的事物或现象为测度对象，统计测度的结果具有一定的现实意义；第三，样本总体定量结果由个体测度结果构成，同时测度过程能够反映样本个体的差异。总而言之，统计测度的完成需要借助统计学、数学、数据科学与大数据等工具，但是其核心在于对现实世界的事物或现象的认知。根据以上对统计测度的定义和属性分析不难发现，信用测度属于统计测度的一个分支，信用测度是用一定的符号和数字，基于信用交易的实践和信用评级的特定需求，对信用交易双方的信用状况进行量化描述和统计分析的过程。同时，统计测度的三个属性同样适用于信用测度。由此可见，信用测度与统计测度高度相关，且信用测度主要研究的问题是信用交易过程，因此它又与金融学、风险管理、信用风险管理、信用评级高度相关。

2.2.2　统计测度分类与信用测度的归类

不同研究视角对统计测度会有不同的分类。邱东（2012）从边界的视角将宏观统计测度分成了三类，分别是本体论测度边界、认知论测度边界、操作视角测度边界。本体论测度边界以事物本身的可测度性形成的边界为分类依据；认知论测度边界以人类认知能力的不同为分类依据；操作视角测度边界以相关性偏好和投入约束为分类依据。其中，本体论测度边界最大，操作视角测度边界最小。

表 2-2　统计测度的分类

分类依据	测度类别	基本概念	举例
测度实现形式不同	原始测度/直接测度	通过对测度对象直接测度获取数据	清点库存、丈量面积等
	再测度/间接测度	对原始测度数据进行计算得出的测度结果，定量反映相关关系	人均 GDP、净资产收益率、CPI 变化率等
测度计量方式不同	自然测度	利用事物的自然属性进行统计测度	人口规模、货币发行量等
	物理测度	利用事物的物理属性进行统计测度	长度、面积、产量等
	化学测度	利用事物的化学属性进行统计测度	成分、构成等
	时间测度	利用事物的时间属性进行统计测度	工作耗时等
	价值测度	利用事物的价值属性进行统计测度	报酬、收入等
测度方法不同	计数测度	通过观测计数获得测度数据	自然/时间测度适用
	测量测度	通过物理化学规制获得测度数据	物理/化学测度适用
	实验测度	通过观测实验获得测度数据	与测量测度结合使用
	定义测度	通过归纳事物特征和规律获得数据	广泛适用，难度最大
	模型测度	通过模型测度相关关系或变化规律	间接测度方法
测度维度不同	单一测度	采用单一方法和角度进行测度	获得单一数据
	多维测度	采用多角度多维度方法进行测度	指标体系测度

表 2-2 是统计测度分类，通过对不同种类统计测度定义进行分析，不难发现，信用测度应该从属于再测度（间接测度）、价值测度、定义测度、模型测度和多维测度的研究范畴（李金昌，2015）。对不同类别的统计测度的分析，

以及对信用测度的归类，将有助于明确信用测度的定义和内涵，同时也为信用测度研究内容和研究方法的后续研究奠定理论基础。

2.2.3 从统计测度意义看信用测度

为了更加深入了解统计测度的内涵，为建立从统计测度到信用测度的关联，为信用测度的研究提供理论基础和依据，笔者进一步综述了李金昌（2015，2019）有关统计测度的四个价值和意义，并尝试深入挖掘信用测度的价值和意义。

第一，统计测度是统计学的根本，信用测度是信用评级的根本。

威廉·配第（William Petty）于1693年首次采用数字、重量和尺度的统计测度方法对国家实力进行统计推算，确立了统计学的起源——政治算术。这在统计学的发展史中具有重要的影响。威廉·配第阐述了统计测度的本质，即用"数字、重量和尺度"让现实世界的事物或现象变得直观且有依据。邱东（2012）认为，在威廉·配第的学说之后，统计学的方法论开始由定性转向定量，政治算术开创了经济统计学的先河，扩展了宏观经济测度的认知边界，具有统计学范式创新的革命性意义。统计有别于数学，统计学是关于收集和分析数据的科学，数学则更关注数字。对于统计测度而言，数字表示符号，数据表示结果，数据是统计测度的根本，统计测度也是统计学的根本。

统计测度的最终目的是获得直观的数据，数据的表现形式主要是统计指标，统计指标是统计学的基本方法之一，因此，统计测度是根据预先设定的统计指标获取相应统计数据的过程。与传统统计学的定性分析和定量分析一致，统计测度同样分为定性分析和定量分析。定量分析主要关注的是结构化数据，定性分析则关注非结构化数据或半结构化数据。统计学发展至今，定量数据统计测度体系基本已经建立，但是，定性数据统计测度体系仍需进一步完善（定性数据统计测度的难点在于定性指标有效信息的提取和转化），只有两者同步发展，统计学和统计测度才能更趋完善。统计学是通过数据分析得出有效结论的过程，数据分析的过程就是统计测度的过程。数据分析旨在通过表象数据发现其背后有价值的信息，以帮助人们掌握科学规律、认识新兴事物、做出科学决策。

统计数据包含基本信息（基础数据）和事物现象背后的规律和相互关系（再生数据），统计分析的过程是对相关的各类型统计测度结果的叠加，这是一个统计测度不断衍生和放大的结果。统计测度不应该只关注统计方法体系，更应当关注原始统计测度的真实性、有效性和准确性等问题，系统地从测度角度进行阐述，否则就可能使得数据分析的结论偏离实际。数据分析应该以科学可靠的原始统计测度为依据，不应一味"炫技"，任何脱离实践和原始统计测度的统计分析都毫无意义。因此，科学的统计数据分析取决于科学的统计测度，而非模型和变量。更进一步地说，在数据分析全过程中，每一步的分析都是前一步的原始测度，而每一步的统计方法都是测度方法。因而，所有的统计分析方法都应该归类为统计测度方法，统计学方法体系就是统计测度方法体系。

通过以上的观点综述，结合信用测度内涵的界定，笔者总结出信用测度是信用数据统计分析——信用评级的根本，主要表现为五个方面：其一，信用测度使得信用风险管理和对信用的研究由定性分析转向定量分析。信用测度的核心是信用数据，数字是信用测度的符号，数据是信用测度的结果，信用测度是信用风险管理和信用评级的根本。其二，信用测度的最终目的是获得直观的信用数据，信用数据的表现形式主要是信用指标，信用指标是信用测度的基本方法。其三，信用测度可以分为定性数据分析和定量数据分析，定量数据分析主要关注结构化的信用数据，定性分析则关注非结构化数据和半结构化数据。定性数据分析体系是未来信用测度进一步完善的重要领域，其难点在于定性指标有效信息（非结构化数据和半结构化数据）的提取和转化，只有定性分析和定量分析同步发展，信用测度体系才能更加完善，未来借助大数据技术、人工智能、机器学习等工具方法，可以更好地进行信用测度的定性分析。其四，信用数据分析的核心是通过信用交易过程的现象和数据，发现信用交易过程和信用交易主体的信用状况，以发现信用违约的规律，科学精准地认识信用风险，为企业、金融机构信用风险管理和信用监管等决策提供更加真实可靠的依据。信用数据包含信用交易主体和基本信息、信用交易主体及环境等外在因素的相互关系。其五，信用测度不应该只关注复杂的指标体系和高深的模型方法体系，更应当关注原始信用测度的真实性、有效性和准确性的问题，系统地从测度角度进行阐述，否则，对信用数据的分析结构势必会偏离信用管理的初衷，也会偏离信用交易的实际。科学可靠的信用数据分析取决于科学的信用测度，而非模型和变量，所有的信用数据分析方法都可以归类为信用测度方法，信用数据分析方法体系就是信用测度方法体系。

第二，统计测度是数据科学的基础，信用测度未来发展有赖于大数据分析。

数据科学是一门以大数据为主要研究对象的新兴交叉学科。人类进入大数据时代，社会生活的数据呈现爆发式增长，大数据分析应运而生。相对于传统的统计学，大数据分析不仅需要传统的统计思维、方法和工具，同时需要强大的数据计算和分析处理能力。因此，数据科学只有借助传统统计学和新兴计算技术才能更深入挖掘社会生活的大数据的核心价值信息，而这个传统统计思维、方法和工具与新兴计算技术的融合过程就是统计测度。

大数据时代带来互联网技术、物联网技术、通信技术、信息技术等发展的突飞猛进，人们被海量复杂的数据包围，同时也被数据潜在价值吸引，人们逐渐渴望从海量数据中挖掘更有效和更有价值的信息。近年来，许多数据科学和大数据相关的技术方法被创新和开发出来，但是人类对大数据有效信息的利用还远远不够，且大部分的数据分析主要集中在计算技术和算法等方面，缺少从统计学角度出发的数据分析视角，即缺少基础的统计测度视角。计算技术可以解决大数据存储和计算的问题，算法改进可以解决大数据综合分析的问题，但是数据分析的基础——数据来源，不能靠这些技术和算法来解决，而是要依靠统计测度。大数据分析应当找到正确的切入口——分析的基本元素，也可以理解为测度的对象，进而结合一定的测度方法综合构建模型，才能使得大数据分析结果符合人们预期。

大数据分析以及由此产生的数据科学需要多学科交叉融合，这里面的基础是统计测度问题，尤其是大数据中普遍存在的非结构化数据。大数据中的非结构化数据具有占比高、数据量巨大、形式复杂、不确定性强等特点。网络世界中的声音、图像、表情、文字、习惯偏好、频率等都是特定环境和条件下具有特定意义的非结构化数据，这些数据既有共性又有个性，甚至在不同的时间和环境下表达的意义都不尽相同。由此可见，大数据分析的关键不在于计算技术和模型，而在于选取恰当的切入点、选取符合现象的综合性指标、采取科学合理的方式，以便更精确地表达数据背后的本质。选取的统计测度的切入点不同，或者选择的统计测度方法不同，会导致大相径庭的测度结构，其核心和根本在切入点，而这个切入点的问题实际上是原始统计测度的问题。由此亦可见，数据科学与大数据分析不仅需要融合统计学、数学、计算机技术、人工智能等，还需要与行为学、语言学、经济学、社会学等科学交叉融合，才能更好地完成统计测度和数据分析等工作。

数据科学使得统计测度的边界进一步拓宽，也对传统的统计测度提出了更高的要求。随着人类认知世界能力的提升，统计测度的范围也在不断拓展。统计测度从最开始的自然测度逐步向人口、经济、社会、环境、政策等诸多领域渗透，统计数据分析也相应地从少量数据分析进入大数据分析阶段，统计测度的内容得到了极大扩展。同时，数据分析面临的复杂性和不确定性也大大增加，统计测度的边界进一步拓展。这就要求提升相应的统计测度能力，借助现代化的计算技术、信息技术、数据科学与大数据技术等提高数据分析的能力，这也需要在统计测度的思维、方法、指标体系和标准等多个领域进行探索和研究，是统计学迈向数据科学的重要挑战之一。

总而言之，大数据时代的到来，使得统计测度的基础由统计学延伸到了数据科学，大数据的特征拓宽了统计测度的边界，也使得大数据分析的难度剧增，需要建立面向大数据分析的统计测度理论、方法、指标体系和标准，需要研究大数据的基本因素，以及基本因素之间的内在联系、关联指标和相关测度方法，进而探究基于先进计算技术、机器学习技术、人工智能技术、大数据处理技术等的大数据分析模型，以构建科学的统计测度体系。

综上所述，结合信用测度内涵的界定，笔者认为，信用测度未来的发展需要依托大数据分析的理念和工具方法。大数据环境下，信用交易的数据相对于传统环境下也呈现出了井喷式的增长，信用测度如果没有将大数据分析纳入其方法体系，则信用测度结果也将逐渐被时代所淘汰。信用测度不仅需要传统的统计思维、方法和工具，更需要强大的基于大数据分析的数据计算和分析处理能力。

首先，基于大数据分析的信用测度只有借助传统的统计学和新兴的基于大数据的计算技术，才能更加深入挖掘信用交易过程和信用交易主体的核心价值信息。随着大数据分析的深入发展和普及，人们越来越渴望从海量数据中挖掘更有效和更有价值的信息，统计学视角的数据分析是信用测度的基础，数据科学视角的信用测度是未来的方向，信用测度需要传统统计思维、方法和工具与新兴计算技术的融合和共同支撑。在这个过程中，应当特别注重信用测度的基础——数据来源，不应一味地追求技术和算法的"高、精、尖"，应当依托大数据分析的基本元素和原始数据来源，尽可能真实准确地归集信用交易相关的原始数据，同时结合一定的测度方法，综合构建信用测度模型和体系，使得信用测度的结果既能有效反映信用交易的实际，也能有效管理和规避信用交易中的信用风险。

其次，基于大数据分析的信用测度需要多学科的交叉融合。尤其是大数据分析中普遍存在的非结构数据问题，信用测度同样需要关注。现阶段，许多信用交易都是通过网络完成的，在网络环境下进行信用交易的主体和第三方，其各种行为都会在网络留痕，这也使得信用测度的基础数据获取更加便捷和可行。在信用交易中产生的声音、图像、表情、文字、习惯偏好、频率等非机构化的数据是基于大数据分析的信用测度的基础。同时，信用测度的关键不在于计算技术和模型，应当选择一个恰当的切入点，进一步选择符合信用交易主体信用特征的综合性指标，建立信用测度指标体系，进而采取科学合理的测度方法和模型来准确反映信用交易的实际，精确测度信用风险。

最后，基于大数据分析的信用测度，也使得测度本身从少量（抽样）数据分析到全量大数据分析结算，信用测度的复杂性和不确定性也大大增加，测度边界极大拓展。因此，同样需要提升相应的信用测度能力，并借助现代化的计算技术、信息技术、数据科学与大数据技术等提高信用信息（数据）分析的能力。同样地，信用测度也需要在测度思维、方法、指标体系和标准等多个领域进行探索和研究，需要研究大数据的基本因素以及相互之间的内在联系、关联指标和相关测度方法，进而探究基于先进计算技术、机器学习技术、人工智能技术、大数据处理技术等基于大数据分析的信用测度模型，以构建科学的信用测度体系。

第三，统计测度和信用测度都需要测度方法的创新和完善。

大数据时代下，统计测度的研究对象不仅包括结构化数据，还包括非结构化数据在内的一切数据，统计测度的边界得到极大拓展，统计学也进入了数据科学的发展阶段。新的统计测度需要创新的统计测度方法，方法创新又会进一步拓展统计测度的边界，这些也是传统统计学和数据科学发展的内在动力。因此，本书结合李金昌（2015）的观点，系统梳理统计测度方法的演进过程，同时结合大数据时代特点，探索统计测度创新和变革的新理念、新逻辑和新方法。

首先，统计测度方法的创新和完善需要洞悉研究目的的现象和本质。统计测度的最终目的是通过研究事物的现象和数据，揭示事物的本质特征。因此，具有理论和实践价值的统计测度方法不能偏离事物的现象、数据和本质。以社交网络的统计测度为例，我们需要了解社交网络的内涵边界、发展历程、变化趋势、构成、内外部影响因素、表现形式和特征等，总结共性、特性和差异性等特征，掌握统计数据的构成要素，进而才能构建精准、科学、有效且贴合实际的统计测度方法体系。同时，需要注意的是，统计测度是一个新兴的研究领域，需要借鉴和融合数据科学、统计学、计算机科学与技术、大数据、机器学习、人工智能、数学、社会学等多学科多领域的研究理念、研究逻辑和研究方法，这样才能科学有效地进行测度指标的设置和测度方法的构建和创新。

其次，统计测度方法的创新和完善需要结合大数据的特征。大数据具有不确定性、非结构性、复杂性、多维性和涌现性等特征，大数据中蕴含了海量的信息和资源。因此，进行大数据分析需要研究大数据的演化、传播、周期、内在机理、结构和效能等基础性问题；需要研究大数据的共性、个性、规律和轨迹；需要研究基于大数据的数据科学、经济学和社会学等学科和领域的互动机理，这是统计测度方法创新和完善的基础与依据。

再次，统计测度方法的创新和完善需要结合现代化的信息处理技术。大数据的本质特征要求大数据分析和统计测度必须借助现代化的信息处理技术，以有效处理大数据的分析和计算问题。基于大数据的统计测度，其内容和方法往往是以数据处理能力提升为前提的，以机器学习、人工智能、互联网技术、数据挖掘和文本挖掘等为代表的现代信息技术的应用，使得基于大数据的统计测度在理念、方法创新等方面变得可行。另外，数据清洗技术、大数据分析模型、现代化的计算科学和计算方法、自动搜索、自主优选、动态演进等的应用也是构成基于大数据统计测度方法体系的重要方面。

最后，统计测度方法的创新和完善不能抛弃传统的数据分析和处理方法。很多时候，大数据需要借助传统的数据分析和处理方法才能更加充分地挖掘其蕴含的信息和资源。以基于大数据的文本挖掘技术为例，基于最开始的高性能计算机可从处理文本语法和文法等问题，但在实际操作中不仅耗时且无法达到令人满意的效果。基于条件概率和马尔科夫链等传统统计方法的统计语言模型，以及由此产生的智能翻译、语音识别等技术却可以轻松解决这个难题。由此可见，基于大数据的统计测度需要紧密结合传统统计方法，以达到更好的数据分析效果。

2.2.4　信用测度的方法论

结合信用测度内涵的界定，以及大数据环境下信用测度面临的新问题，笔者认为，大数据环境下，信用测度同样需要对测度方法进行创新和完善。大数据环境下，信用测度的对象也从传统的结构化数据演进到了包含非结构数据在内的一切数据，信用测度的边界得到了极大拓展。基于大数据的信用测度创新和发展的内在动力源自于测度方法的创新和完善。

首先，信用测度方法的创新和完善是以洞悉信用本质为前提的。信用测度的最终目的是通过分析信用交易的现象，发现其背后信用主体的信用状况，这是信用的本质，而信用测度的目的就是在揭示这个本质，信用测度方法的创新和完善不能偏离这个本质。因此，研究信用测度就需要深入了解信用的内涵和边界，信用的发展、变化和构成，信用交易的过程、主体、影响因素、变化趋势，以及信用风险的成因、表现、特征等，总结信用的共性、特性和差异性等特征，掌握信用信息和数据的构成要素，逐步构建精准、科学、有效且贴合实际的信用测度方法体系。

其次，信用测度方法的创新和完善同样需要结合大数据的特征。人类已经进入大数据时代，尤其是基于金融网络和互联网的信用交易频繁发生，由此会产生更多信用大数据。信用大数据同样具有不确定性、非结构性、复杂性、多维性和涌现性等特征，也蕴含了海量的信用信息和资源。因此，信用测度需要借助于数据科学、统计学、计算机科学与技术、大数据、机器学习、人工智能、数学、社会学等多学科多领域的研究理念、研究逻辑和研究方法，这样才能科学有效地进行信用测度指标的设置和测度方法的构建和创新。进一步地，进行信用测度需要研究信用大数据的演化、传播、周期、内在机理、结构和效能等基础性问题；需要研究信用大数据的共性、个性、规律和轨迹；需要研究信用管理学、金融学、经济学、社会学等与基于大数据的数据科学、统计学等学科和领域的互动机理，这是信用测度方法创新和完善的基础和依据。

再次，信用测度方法的创新和完善需要结合现代化的信息处理技术。信用大数据的本质特征要求信用测度必须借助现代化的信息处理技术，以有效处理信用大数据的分析和计算问题。基于大数据的信用测度，其内容和方法是以数据处理能力提升为前提的，同样需要融合和应用机器学习、人工智能、互联网技术、数据挖掘和文本挖掘等为代表的现代信息技术。另外，数据清洗技术、大数据分析模型、现代化的计算科学和计算方法、自动搜索、自主优选、动态演进等方法的应用，也是构成基于大数据的信用测度方法体系的重要方面。

最后，信用测度方法的创新和完善不能抛弃传统的数据分析和处理方法。信用大数据分析需要借助传统的数据分析和处理方法，才能更加充分地挖掘信用信息的内涵。基于大数据的信用测度也需要紧密结合传统统计方法，以达到更好的信用信息处理效果。

综上所述，信用测度是用一定的符号和数字，基于信用交易的实践和信用评级的特定需求，对信用交易双方的信用状况进行量化描述和统计分析的过程。信用测度是以量化为目的的信用信息转化和信用数据分析的过程，它以信用交易和信用主体为测度对象且结果具有指导信用交易顺利进行的现实意义。测度的样本总体定量结果由个体测度结果构成，且总体结果可以反映样本个体的差异。信用测度是信用管理的根本，信用风险分析和信用信息、数据分析的过程本质上就是信用测度的过程。因此，信用测度的方法本质上是统计方法，信用测度是运用各种统计方法对信用交易过程中各种可能的状态进行观测、度量、分析和预测的过程，其最终目的是在测度后以定量的结论来揭示信用的本质。信用测度需要对信用、信用交易、信用主体等的本质特征进行全面的认知和研究。

从信用测度的内涵看，"测"指的是对观测、计量、分析、预测等一系列方法的概括；"度"指的是信用交易和信用主体的基本属性、数量、特征、影响因素、边界等内容。因此，信用测度需要解决三个问题：测度对象、测度原因、测度方法，难点在于测度对象的确立，以及测度结果的界定和量化。大数据环境下，信用测度的边界得到了极大拓展，对象也发生了实质性的转变，信用测度的内容和方法也逐渐丰富起来。

信用测度的方法论指导有效信用信息的提取和分析过程。结合信用管理的基础理论和统计学的基础理论不难发现，信用测度的方法经历了由简至繁的演化，尤其是进入大数据时代，信用测度的工具和方法变得异常综合和复杂，但是，信用测度方法论的核心是是否可以将信用、信用交易和信用主体的本质特征和信用关系转化成为可以用于科学分析的信用信息并形成可以指导信用管理实践的定量结论，即更加真实地反映信用的本质。信用测度的过程既与信用测度方法息息相关，也与方法以外的因素紧密相关。与传统统计测度方法相比，信用测度既包括常规的方法，又因信用的特殊性而包含一些特殊的测度方法和工具。大数据时代下，信用测度包含非结构化数据的几乎全部的信用信息，一方面极大地扩展了信用测度的内容和边界，数据自动记录的过程更全面地反映了信用的全貌，增加了海量的信用数据资源；另一方面，充斥在信用大数据世界的表情、图片、符号、文字、影音等复杂、不确定且涌现的信息缺少统一的测度标准，在没有科学的规则和标准之前，信用大数据分析可能无效，且面临极大的困难。基于这样的认知，笔者的研究将围绕信用测度对象、信用测度原因、信用测度方法这样的基本研究逻辑组织研究内容，并对大数据环境下中小企业信用测度问题展开深入研究。

2.3 中小企业信用与融资文献综述

中小企业信用测度问题是一个全新的概念，完全贴合的参考文献并不丰富，但是根据前文对中小企业信用测度内涵和范畴的解析不难发现，中小企业信用测度与中小企业信用风险评价问题紧密相关。本书尝试从中小企业融资、中小企业信用风险评价指标体系、中小企业信用评价模型等文献中寻找后续研究的理论支撑，并逐步构建中小企业信用测度体系的理论基础。

2.3.1 中小企业融资新问题

有关大数据环境下中小企业融资的新问题，国内外学者做了许多有价值的研究。He 和 Tang（2012）的研究成果表明，新型的中小企业融资风险控制模式可以依赖电子化的第三方信用交易平台的融资模式创新。Nienhuis 等（2013）的研究表明，传统金融市场中的融资渠道和融资模式并不适用于中小企业融资，尤其是信用融资和信用交易过程，如果仅依赖传统金融市场和传统企业融资模式，势必会对中小企业融资带来困境和阻碍。姜超峰（2015）指出，缓解中小企业融资难、融资贵问题的关键是要适应时代发展，重视大数据技术在信用交易和信用风险管理过程中的应用和普及。Sopranzetti（2018）认为，中小企业融资过程中，信用风险的主要来源是应收账款的质量。通过实证分析，中小企业应收账款的信用质量过低，不仅会给中小企业带来融资困境，还会影响以应收账款交易为基础的中小企业信用交易的参与主体，进而加剧信用风险。虽然以大数据为代表的技术手段与金融产品和金融服务有效融合会在一定程度上缓解中小企业融资困境，但是中小企业信用风险仍是传统商业银行授信业务的主要风险来源。袁志刚等（2021）的研究成果表明，在未来，金融市场、金融机构和金融服务会越来越重视金融交易数据和信用主体的行为数据，融合发展数据科学大数据技术与信用管理理论，并做好信用交易数据的归集、挖掘和数据分析，是未来理论和实践发展的重点。

2.3.2 中小企业信用风险管理与信用风险指标体系

中小企业信用风险管理是对参与信用交易的中小企业的财务、运营、盈利等方面进行系统化评价和管理的过程。信用风险管理的核心是建立度量信用风险的指标体系。国际上，具有代表性的信用风险管理指标体系包括"5P"信用评价体系、"5C"信用评价体系，以及惠誉、标普、穆迪等评级机构创新开发的信用风险评价指标体系等，这些指标体系经过长时间的金融实践发展，已经被大部分的金融机构和金融市场认可。我国也根据这样的信用风险管理理念，创新开发出了具有中国特色的中小企业信用风险评价指标体系，例如中国建设银行、中国工商银行等金融机构内部广泛应用的中小企业信用等级指标体系等。

在理论研究领域，王波（2012）采用马田系统（MTS）模型，结合企业财务数据，构建了基于政府信用融资平台的中小企业信用风险度量指标体系。邬建平（2019）构建的电子商务领域的信用风险评价模型采用了支持向量机方法。王冬一等（2020）则是以大数据技术为基础，在传统指标体系中增加了时间变量，构建了动态的信用风险评价指标体系。匡海波等（2020）则采用模糊层次分析法（AHP）构建了此类模型。王相宁和刘肖（2021）的实证研究尝试建立中小企业信用风险度量指标体系，该体系涵盖了企业的营运能力、偿债能力、发展能力、增长能力等七个维度的一级指标。但是，综合已有的文献不难发现，现有的研究成果和已经构建的指标体系普遍侧重于分析企业的财务数据，实证研究也往往以上市企业作为研究样本，这对普遍财务信息体系不健全且财务制度不完善的广大中小企业而言有些脱离实际。同时，现有的指标体系往往存在信息繁复且冗余的现象，对企业履约和违约的界定也较为模糊。

大数据时代已经到来，但对大数据环境下的中小企业信用风险指标体系的相关研究才刚刚起步。赵忠和李波（2011）以企业供应链为基础，探究了行业因素、企业素质、资金流和产业链运营等对信用风险的影响。李勤和龚科（2014）的研究从大数据时代背景切入，强调企业项目资产运营和信用交易链运营对中小企业信用风险的重要作用。盛鑫和陈长彬（2019）指出，信用风险的评价指标应该包含企业道德、偿债能力和资本实力三个维度。

2.3.3　中小企业信用风险评价方法与模型

基于中小企业信用风险管理的基础理论与信用风险指标体系，需要结合一定的统计学和大数据技术方法，才能构建中小企业信用风险评价模型。许多金融学、统计学和经济学领域的学者在这些方面都做了系统性的研究，其成果也非常丰富。这些已有的研究成果为后续研究中小企业信用测度提供了方法和工具的借鉴。

第一，部分学者基于传统的统计方法，构建了中小企业信用风险评价模型。马佳（2008）最早采用主成分分析法结合逻辑回归分析构建了中小企业信用风险评价模型。李晓宇和张鹏杰（2014）的实证研究结果表明，大数据时代背景下，传统的金融机构应当重视企业信用信息数据库建设，基于信用信息归集建立中小企业信用大数据融资服务平台，同时，应当及时归集和分析中小企业信用交易过程中的物流企业、供应链参与主体、贷后信息追踪等数据信息，以提升信用风险评价模型的准确性、时效性和科学性。方焕和孟枫平（2015）采用回归分析的基本思路分析和评价了农业中小企业的信用风险。

第二，部分学者从模糊数学的工具中开发出了针对中小企业信用风险的模糊综合评判法。边亚男和宗恒恒（2013）以时间维度为研究出发点，呈现了中小企业信用交易过程中的信用风险变化态势，进而构建了动态的信用风险评价模型。侯锡林和王鑫茹（2020）等结合传统的层次分析法和模糊综合评判法，对中小企业信用交易过程中的海量数据资源进行了实证分析和评价。谢瑞强和朱雪忠（2021）采用模糊综合评判法来确定信用评价指标的权重。

第三，基于大数据技术的神经网络模型。白世贞和黎双（2013）通过神经网络的反向传播神经网络（BPNN）构建了中小企业信用交易评价指标体系，进而建立了风险评价模型，实证结果也证实了该模型能够更加有效地评价中小企业的信用风险。李媛媛和马玉国（2014）仍然沿用 BP-NN 方法来构建评价模型，不同之处在于，该研究考虑了大数据环境和技术因素对中小企业信用风险的影响。

第四，基于大数据技术的机器学习模型。胡莲和胡波（2014）创立了一种基于 Ada Boost 集成的支持向量机算法，并基于此开发了针对中小企业的信用风险评价模型。王和勇和芮晓贤（2019）将信用交易主体的情绪指标与传统信用风险评价指标相结合，构建了创新性的评价模型。谢小凤和周宗放（2021）采用 LS-SVM 方法构建了中小企业信用风险评价模型，这类模型能够更好地适应大数据环境下的数据分析和风险测度。陈艳利和蒋琪（2021）对比分析了最小二乘支持向量机（LS-SVM）模型和 BP-NN 模型在中小企业信用风险评价方面的表现，她们指出，LS-SVM 在中小企业信用风险评价方面更具优势。蔡瑶和吴鹏（2022）则采用决策树分析法，针对科技型中小企业构建了具有特殊适用性的信用风险评价模型。胡海青等（2011）采用支持向量机构建了涵盖企业内外部因素和信用交易全链条要素的信用风险测度模型，他们的研究也对比分析了其与传统逻辑回归分析结果的优劣，实证结果显示，基于大数据技术的机器学习模型更具评价优势。杨莲和石宝峰（2022）的研究构建了多层分析和基于优化组合的两类信用风险预测模型，实证分析结果表明，相对于传统的统计分析模型，两种模型具有明显的预测优势。

综上所述，中小企业融资问题一直备受理论研究和实践领域的关注，大数据环境下，这个问题表现得尤为明显。但是，已有的文献对大数据环境下的信用风险缺少系统性研究，中小企业信用风险评价指标体系的研究大同小异，且处于起步阶段，基于指标体系和评价模型进一步构建信用风险评价体系的研究成果凤毛麟角，这也为笔者的后续研究提供了契机。综合以上有关中小企业信用风险评价的相关成果，不难发现，评价指标体系的构建维度、权重、分级指标的确定，以及建立既统一又有针对性，且具有理论根基和可操作性的信用风险评价指标体系是首要一步，这同样是研究中小企业信用测度的首要一步。已有的文献显示，信用风险评价模型和方法仍然难以摆脱传统金融风险分析和传统统计分析的束缚，方法的改进、融合，以及基于大数据分析的新技术和新方法的应用等方面都存在空白和不足。已有的信用风险评价模型和方法的核心理念是组合传统模型以提升评价效果，大数据环境下的信用风险评价，应当关注多学科的融合、交叉理念的融合、方法的创新、技术的普及、评价系统的全面再造。这是笔者研究大数据环境下中小企业信用测度问题的关键核心和难点。

2.4　中小企业信用测度研究综述

相对于传统的融资模式，中小企业融资过程中的信息不对称现象更加明显，信用交易过程中面临的信用风险较难测度和捕获。尤其是在当前特殊经济形势下，中小企业普遍面临经济下行和信用收缩的压力。因此，从已有文献的角度去审视中小企业信用风险，并对其进行科学精准的测度，提高社会管控和防范风险的能力，进而从社会层面化解信用风险，是从核心层面环节解决中小企业"融资难、融资贵"问题的重要路径。如前文所述，信用测度主要是针对信用风险的测度，现有的文献也主要集中在对信用风险的量化和度量，因此，本书结合信用测度的基本内涵和信用风险的内涵和传导，综述了现有的一些相关领域的研究成果。这部分的研究综述，主要遵循两个研究脉络：一方面，以时间线为基础，研究不同历史时期国内外相关的研究成果，并对未来的研究方向进行预测和判断；另一方面，以信用测度方法和领域为基础，综述了中小企业不同融资模式下不同的信用测度方法，了解研究现状，发现问题，并尝试填补研究空白。

2.4.1　研究历程与趋势综述

本书采用文献计量法对文献的总量进行分析，结合文献样本的分类统计，总结出了中小企业信用测度研究文献的数量年份，并结合不同模式下信用测度研究情况，可以较为清晰地了解有关中小企业信用测度的基本研究情况。根据已有文献的年度数量变化情况，本书将中小企业信用测度的研究分为三个主要历程。

第一，萌芽阶段（1999~2012 年）。这个阶段是中小企业信用测度研究的起步阶段，年均文献数量不足 2 篇。在这个阶段的初期，由于中小企业融资模式较为单一，商业银行的信贷业务较少倾向于中小微企业。随着互联网金融理念的普及和相关业务的开展，尤其是商业银行开始进行网络化改革，传统金融网络开始对接互联网，同时，伴随这个阶段的 P2P 网络信贷、网络众筹等融资方式的爆发式发展，中小企业信用交易业务也开始萌芽，并进入快速发展阶段。但是，一个显而易见的问题是：金融创新和互联网金融实践的飞速发展，并没有与创新的金融监管和风险管控同步，这也使得越来越多的文献开始关注中小企业信用交易以及信用风险，有关风险测度的研究成果也开始涌现。这个阶段的研究主要集中在信贷模式、支付方式、垫资货币、信用交易等情形下的信用风险，以及传统信用测度方法在新环境下的适用性研究等。但是这个阶段的研究成果也有一些通病：普遍缺少相关的基础理论研究，研究规模尚未形成，并且创新性不高。

第二，快速发展阶段（2013~2016 年）。在这个阶段，随着网络金融业务的全面普及，以及大数据技术的快速发展，服务于中小企业的金融业务和金融主体更加专业和精细化，多种融资模式快速发展，金融科技与实体经济深入融合，各种利好中小企业的金融业务快速发展。在这个阶段，相关的学术研究成果呈现爆发式增长。在这个阶段，平均有超过 50 篇的研究文献对相关问题进行研究，学术界主要专注的问题包括信用测度方法的创新、新型融资模式、供应链金融对企业融资的影响、大数据环境下信用风险的新变化等。同时，这个阶段的研究成果相当一部分集中在信用测度方法的研究上。

第三，深入探索阶段（2017 年至今）。人类已经进入大数据时代，基于大数据的金融创新模式对中小企业发展起到了无可比拟的积极作用，这也使得金融市场中的信用风险持续积累，中央和地方政府高度重视，先后出台了一系列的方针政策和措施，这些实践的发展在一定程度上刺激了对这个阶段的理论研究的深入探索。这个阶段每年研究成果的年均数量约为 80 篇，研究对象涉及中小企业融资的多种模式，包括网络借贷、中小企业信用监管等。在 P2P 业务良性退出后，更多的学者开始关注供应链金融和消费金融，这些融资模式的创新，不仅能更好地为实体经济转型发展和促进供给侧改革提供理论支撑，还能为中小企业融资业务的开拓进行有益的理论探索。未来很长一段时间，大数据技术与金融领域、信用领域的深度融合都会使这部分的研究朝着更加深入、更加务实的趋势发展。

2.4.2　研究对象与主题综述

中小企业融资问题历来是国内外学术界关注的热点，有关中小企业信用测度的问题，在近十年内成为金融、统计等研究领域的主要研究对象。现有的研究成果主要从两个维度安排研究框架和研究内容：一是把中小企业融资作为整体，进行中小企业信用测度研究；二是把不同种类的中小企业融资模式作为研究对象，针对不同种类下不同的信用风险特征进行相关的信用测度问题研究。

第一，中小企业信用测度的综合视角研究。大数据时代下，大数据技术与金融业务高度融合，使得许多学者从综合的视角对中小企业信用测度问题展开研究，相关的研究主要分为两个派别。

一是对创新的中小企业融资模式自身的信用测度问题进行研究，研究成果主要集中在对整体风险的测度。何雯好（2020）的研究使用了模糊层次分析法，构建了包含信用风险、操作风险、政策风险等一级指标在内的综合风险指标体系。董小君和石涛（2020）则采用 PVAR 模型，对中小企业融资过程中的信用风险、市场风险和流动风险进行了综合性研究，并得出了信用风险是现阶段金融市场中主要的风险隐患，且中小企业信用交易的风险等级较高。他们还采用 Pareto 极值分布模型的 VaR 估计研究了中小企业融资的信用风险，研究表明，中小企业信用风险大于传统直接融资市场的风险。对中小企业信用测度进行直接研究的文献较少。孙小丽和彭龙（2013）验证了 KMV 模型在中小企业信贷中的适用性。陈春瑾（2019）结合定性分析和定量分析，构建了信用测度的指标体系，并对相关的一级指标和二级指标进行了赋权。

二是对技术要素对传统信用风险的影响等问题进行研究。这部分的研究成果存在较大分歧，一部分学者认为，大数据技术、网络技术、机器学习技术等与传统金融业务的融合，增加了金融市场的信用风险。李明选（2015）通过实证分析认为，技术与金融的融合，使得金融机构的信用风险显著增加。刘敏悦和孙英隽（2020）采用文本挖掘技术，结合随机效应回归模型，同样测度出，大数据环境下，中小企业信贷风险显著增加。但是，也有部分学者认为，技术要素与信用的融合，会大大降低传统金融市场的信用风险。冯冠华（2018）的实证分析结果表明，大数据技术和网络技术使得传统的金融机构和信贷主体可以对信用信息进行归集和分析，进而建立风险偏好的高效甄别机制，在拓展中小企业信贷业务的同时，还能降低传统金融市场的信用风险。

第二，中小企业融资模式下信用测度的差异化研究。大数据环境下，技术对金融的影响主要体现在传统金融模式的变革，且我国的金融变革具有明显的跳跃式特点。现阶段研究中小企业信用测度的问题，仍然要放在这样的大背景下。金融模式变革可以概括为三类：传统金融的技术化延伸、数字化货币和支付方式的创新、网络融资新模式。对应于这三种金融模式变革，中小企业融资模式也相应表现出不同的变化，信用测度问题也具有差异化特征。

一是传统金融的技术化延伸。传统金融机构在大数据背景下，融合了先进的计算机科学、网络通信、机器学习、人工智能、大数据等技术，极大地拓展了金融服务和产品的范围。但是金融的本质并未发生改变，因此，信用测度的本质也未发生改变。传统金融机构的数字化业务模式基本沿用原本的信用风险评价体系，研究成果主要集中在技术要素对传统金融信用风险的影响程度的测度方面。沈中华等（2018）通过实证分析发现，相对于传统商业银行的电子终端，手机银行能够提高商业银行的盈利水平，但是传统金融的技术化延伸并未对信用风险产生实质性影响。对于网络银行的研究，由于网络银行的服务和产品主要集中在传统金融市场的"长尾客户"，其信用测度的工具主要是大数据模型、机器学习、人脸识别等，因此现有的研究多以定性研究为主，定量实证分析的成果较少。证券、保险等是传统直接融资机构和业务的技术化延伸，研究成果也相对较少。总之，大数据环境下，学者关注的主题往往集中在模式创新、风险预警等方面，中小企业信用测度研究可以借鉴的成果较少。

二是数字化货币和支付方式的创新。自2012年以来，以支付宝为代表的第三方支付机构的服务和产品快速推广和普及，也带动了全国数据化货币的飞速发展，与之相应的资金结算、清算和转移，以及网络支付、手机支付等业务也快速发展。这样的非金融机构的金融业务创新给中小企业信用和融资带来了重大的机遇。当然，数字化支付过程中的信用风险也越来越受到重视，这里的信用风险与前文所提到的信用风险内涵一致，均是指信用交易的参与者未能履行其承诺而对其他利益相关主体造成损失的可能性。这部分高层次的研究成果较少，主要集中在硕博学位论文领域。相关的实证分析主要集中在网络金融的总体风险测度与信用风险测度等方面，且实证方法和测度方法可借鉴的价值不大。贾洪文和贾镇燕（2020）通过构建指标体系对网络金融的总体风险进行测度，认为现阶段我国网络支付等方面的信用风险水平较低。苑春荟和王晨（2017）从契约理论、制度约束、产权理论等制度经济学的研究视角设置了三级指标体系，对网络环境下的信用风险影响因素进行测度。其他学者对数字化货币也进行了一些定性分析，涵盖区块链、信用消费、供给侧改革、人民币国际化等领域，但是鲜有文献讨论数字化货币条件下的信用测度问题。

三是网络融资新模式。网络融资新模式主要是指在大数据环境下，中小企业借助网络银行、网络借贷平台、支付平台、新型融资筹资平台等新技术中介平台，通过购买金融产品供给资金获得收益，或出售金融产品筹集相应资金的新型金融模式。常见的模式包含 P2P 网络借贷、消费金融、供应链金融、网络众筹等。中小企业网络融资新模式的信用风险主要指作为融资方的企业失去履约意愿和能力后对利益相关主体带来的经济价值减少的可能性。中小企业网络理财模式下信用测度的研究文献数量较少，已有的文献主要集中在探讨网络金融产品的信用风险成因和金融衍生品创新规避风险等定性和实务操作方面。中小企业网络融资模式下信用测度的研究成果较多，这部分成果包含基础理论研究和实证分析等。

2.4.3　理论基础与测度方法综述

常见的中小企业信用测度基础理论研究，主要是基于博弈论分析信用交易主体之间的信用关系。李霖魁和张成虎（2017）基于社会资本理论构建了中小企业信用风险的研究体系，谭中明等（2018）则从生态学视角研究了中小企业网络借贷的信用风险。张奇等（2019）以复杂社会网络和行为金融学为基础，构建了科技型中小企业众筹市场信用风险评估模型。赵成国等（2019）采用金融生态系统理论，构建了大数据环境下，中小企业众筹融资的生态风险控制系统。徐爽等（2020）等则是以金融工程和资产投资组合理论为基础，分析了消费金融信用测度的影响因素，提出了影响消费金融的三个因素：对主体财务信息的甄别、对主体履约行为的制度设计、对核心借款人的风险资本配置。李光荣等（2020）系统性地分析了供应链金融的信用风险。

常见的中小企业信用测度方法研究，主要集中在融资主体的融资需求或者中小企业融资平台等方面。主要研究内容包括中小企业信用测度指标体系构建、信用测度对象的风险评级、信用测度和风险预警模型等。对中小企业信用交易中，资金供给方的信用测度相关研究成果相对较少，且往往是从行为金融学角度进行分析的，可借鉴的意义不大。中小企业信用测度指标体系构建方面的研究，主要集中在测度指标选择和指标赋权等方面，学术界的共识是应当根据不同的融资模式选取代表不同特征且具有不同侧重点的指标体系。郭海凤和陈霄（2015）的研究成果表明，信用测度指标体系的构建不仅要考虑信用交易主体自身的指标，还要关注信用交易平台的相关指标。孙海莹（2015）指出，中小企业信用测度指标体系应当涵盖企业经营、发展、偿债能力、管理者和信用履约记录等方面的信息。姚畅燕和吴珊珊（2016）则认为，信用测度指标体系应全面包含微观和宏观层面的指标。王丹和张洪潮（2016）采用定性和定量相结合的方式，多维度、多视角地构建了 P2P 模式平台的信用测度指标体系。张成虎和武博华（2017）则提出，信用测度应当关注中小企业信用交易过程中的"软信息"。中小企业借助 P2P 平台进行融资，信用测度的指标选择与消费金融模式下的指标选择情况较为类似。李鑫（2019）认为，构建信用测度指标体系应当充分考量企业的时间成本和资金占用的机会成本等。蒋先玲等（2020）的研究成果表明，中小企业信用测度的指标体系应该关注资金信息、借款主体信息和三方认证信息等。研究供应链金融下中小企业信用测度问题时，测度指标的选取则着眼于整个供应链，以中小企业为核心，在传统指标体系的基础上，往往还会关注供应链中核心企业的信用状况、整个供应链的运营情况等。匡海波等（2020）提出的供应链金融下中小企业信用测度指标体系包含核心企业资质、供应链运作、信用交易对手资质、项目资产情况等。

常见的中小企业信用测度的方法，一方面包括主成分分析、因子分析、层次分析等传统的统计分析方法；另一方面结合不同方法的优劣势，部分学者还尝试对传统统计分析方法进行改进和融合，以提升信用测度指标赋权的测度效果。张成虎和武博华（2017）的研究融合了层次分析法和决策实验法来确定测度指标的权重。徐荣贞和王华敏（2018）综合运用了熵权法和客观权重赋权法。杨洋洋和谢雪梅（2019）的动态信用测度模型则融合了层次分析法和神经网络法。康峰等（2019）则通过模糊综合评判法结合层次分析法和专家打分法，以定性结合定量的思路确定测度指标的权重。井浩杰和彭江艳（2019）则综合运用了熵权法和主成分分析法。匡海波等（2020）使用了方差分析、最优因子鉴别、神经网络等方法确定了供应链金融下的信用测度指标的权重。在这个基础上，部分学者基于赋权后的指标体系，建立了中小企业信用测度模型。现有的模型类的研究成果主要分为单模型和多模型两大类。单模型计算便捷，指标体系清晰，解释力强，且对数据的要求较低，但是不利于分析大样本数据。此外，单模型的测度精度较差，但多模型的综合分析和对比分析则可以有效解决这个问题。王文怡和程平（2018）对比分析了决策树模型和逻辑回归模型，认为决策树模型更适合进行信用测度分析。阮素梅和周泽林（2018）基于传统逻辑回归模型和 LASSO 模型，构建了信用测度模型，取得了比传统统计模型更好的预测效果，同时也克服了支持向量机模型对数据不敏感的弊端，新模型更有利于在大数据环境下对信用和信用风险进行测度和评估。程晖和董小刚（2018）则综合对比分析了逻辑回归、随机森林、支持向量机等模型，并得出逻辑回归模型更适合进行信用测度分析。曾鸣和谢佳（2019）的实证研究运用 PSO 算法对支持向量机进行改进，提升了测度模型的预测精度。神经网络模型无需设置测度指标的初始权重，结构方程模型不仅可以显示潜变量间的结构关系，也可以减少测度误差，这两类模型也在中小企业信用测度的实证研究中被广泛应用。

2.5　综述与展望

　　综上所述，本书总结了近年来有关中小企业信用测度相关的文献，不难发现，不同的学者基于不同的研究目的和研究逻辑，结合不同的研究方法，在相关领域均进行了深入的研究，且取得了值得借鉴的成果。本书按照文献出版的年份，将该领域的研究分成了萌芽、快速发展和深入探索三个阶段。同时，本书根据现有成果的研究框架和研究内容将相关文献分成了"整体性研究"和"个体特征类研究"两部分：一是把中小企业融资作为整体，进行中小企业信用测度研究；二是把不同种类的中小企业融资模式作为研究对象，针对不同种类下不同的信用风险特征进行相关的信用测度问题研究。

　　"整体性研究"类别的文献，一方面包含中小企业信用测度的基础理论研究，另一方面也包含大数据环境下中小企业信用交易的新问题。综述这类文献后发现，大数据环境下的中小企业信用风险较高。但是，对大数据环境下中小企业信用测度的直接研究成果较少，技术因素对中小企业信用风险的影响，表现出较大的意见分歧。"个体特征类研究"主要是指中小企业融资模式下信用测度的差异化研究。大数据环境下，技术对金融的影响主要体现在传统金融模式的变革，金融模式的变革可以概括为三类：第一，传统金融的技术化延伸，基于传统金融的技术化延伸，学者关注的主题往往集中在模式创新、风险预警等方面，中小企业信用测度研究可以借鉴的成果较少；第二，数字化货币和支付方式的创新，相关的实证分析主要集中在网络金融的总体风险测度与信用风险测度等方面，且实证方法和测度方法可借鉴的价值不大；第三，网络融资新模式，对应于这三种金融模式变革，中小企业融资模式也相应的表现出不同的变化，信用测度问题也具有差异化特征。中小企业网络理财模式下信用测度的研究文献数量较少，已有的文献主要集中在探讨网络金融产品的信用风险成因和金融衍生品创新规避风险等定性和实务操作方面。中小企业网络融资模式下信用测度的研究成果较多，这部分成果包含基础理论研究和实证分析等。常见的中小企业信用测度基础理论研究，主要是基于博弈论分析信用交易主体之间的信用关系。常见的中小企业信用测度方法研究，主要集中于融资主体的融资需求或者中小企业融资平台等方面。主要的研究内容包括中小企业信用测度指标体系构建、信用测度对象的风险评级、信用测度和风险预警模型等。常见的中小企业信用测度指标赋权的方法，一方面包括主成分分析、因子分析、层次分析等传统的统计分析方法；另一方面结合不同方法的优劣势，部分学者还尝试对传统统计分析方法进行改进和融合，以提升信用测度指标赋权的测度效果。

综上所述，中小企业信用测度相关研究领域已经取得了具有一定借鉴价值的研究成果。未来，随着大数据时代中小企业的进一步深化发展，更多的研究领域将被更加重视。第一，现阶段，已经有学者从社会学、生态学等学科融合的研究视角对中小企业信用测度进行理论框架建构和实证分析。实现多学科的交叉融合和相互借鉴是大数据时代的要求，更是未来中小企业信用测度深入研究的内在需求，这也必将成为该领域科学研究的主要理念和逻辑。第二，现阶段，已经有学者从市场整体角度去研究中小企业信用测度问题，并将大数据环境纳入研究对象之中，考虑环境因素、市场因素、政策因素等外在因素对信用交易的影响，也有部分学者从供应链金融、消费金融等信用测度的研究着手，探究信用交易主体和终端对信用测度结果的影响问题，未来还应该逐步建立包含时间要素的动态信用测度体系。第三，大数据时代下，海量的非结构化、半结构化信用数据颠覆了传统统计数据的分析逻辑和架构，未来还需要结合大数据技术、人工智能技术、机器学习技术等新兴技术方法，建立更全面、科学、合理的信用测度指标体系，并构建相关测度模型，以使得中小企业信用测度的结果更具效率性、精准性和时效性。

3

中小企业信用测度指标体系构建

3.1 中小企业信用测度指标体系影响因素分析

在传统的中小企业信用测度体系中，作为信用测度主体的商业银行，其信用测度指标主要包含财务指标和非财务指标。结合传统金融学中商业银行信贷理论不难发现，这样的信用测度指标体系以财务指标为主，非财务指标为辅。由于我国传统金融市场和金融业务的主体是商业银行信贷业务，因此，这样的测度指标体系也是现阶段我国中小企业信用测度的主要依据。但是，在商业银行信贷业务实践中，中小企业财务信息和会计信息的质量无法保障。因此，商业银行从事中小企业信用测度时，往往会更加关注企业的基本信息的真实性，以及在非财务指标中的历史信用记录和信用评价结果，且这样的测度过程往往以人工复核和评价的方式进行，测度效率极低，这也是现阶段我国中小企业信贷业务发展缓慢的重要原因之一。

大数据环境下，传统金融的界限被打破，随着金融科技、数据云平台、互联网金融等新兴融资业态的发展，以及金融改革的深化和中小企业信用管理实践的发展，融合了大数据理念的中小企业信用测度在未来前景广阔。依托数据科学与大数据技术和新型融资平台，中小企业在运营全过程中产生的海量静态、动态信用数据，可以在技术的支撑下，实现数字化、科学化和统一化的管理。这势必会颠覆传统的中小企业信用测度指标体系，信用测度指标体系也急需进行理念和框架的重构。在中小企业信用交易过程中，大数据、云计算等技术可以对海量的交易信息、宏观环境信息、政策信息等进行高效、智能、全样本的归集、储存、检索、处理、分析和测度，实现中小企业信用交易全量信息和数据的统一化运营和管理，并将这些沉淀的信息和数据运用到中小企业信用测度的实践中。

3.1.1 技术要素对中小企业信用测度的支撑

现阶段，我国电子商务领域和电子支付领域的中小企业信用测度实践发展较快，且在这些领域中，已经具有了一些信用交易与大数据、云计算等技术融合发展的实践探索。本书从这些已有的实践发展经验中，探索技术要素对中小企业信用测度的理论支撑和基本原理。

第一，国内现有的基于电子商务的第三方融资平台、信用交易信息和数据的管理平台一般具有三个显著特性：一是基于大数据技术和云计算的平台，其计算资源具有无限拓展性。通过大数据技术和云计算技术、信息和数据的计算可以突破物理计算机限制，以云计算技术整合多台异地异质计算机，实现基于平台的硬件、软件和数据资源的高效整合。同时，随着新技术、新硬件设备、新型信息和数据资源的不断涌现，整合后的平台的性能和效率会不断提升。因此，多用户技术和新信息通信机制相当于为平台对接的中小企业、金融机构等用户提供了一个海量虚拟的资源库，用户可以根据需要从平台按需获取相应的资源。二是基于大数据、云计算等技术，信息和数据的管理和测度分析可以突破系统性和地域性的限制，处在不同地区的客户、具有不同性质的项目、采用不同的访问介质，以及出于不同的信息和数据使用目的，都可以便捷且低成本的使用同一数据库资源。三是大数据、云计算等技术极大提升了数据分析的故障迁移效能。在新技术的支撑下，对信用信息的管理可以结合智能云数据管理检测系统，该系统能够在整个平台中进行协同部署，并且具有事件驱动的功能。在对海量计算机集群的数字化、智能化和自动化管理过程中，当出现信息和数据的异常情况时，可以对其进行自动故障迁移和动态调度，基于此，中小企业信用测度可以实现数字化、自动化、实时的数据分析，测度误差大大降低。

第二，基于大数据、云计算等技术，可以便捷高效地归集和沉淀中小企业信用交易的各种原始数据。以第三方电子商务平台和电子支付平台支撑的云数据平台为例，这些平台可以便捷、高效、实时地归集和沉淀海量中小企业信用交易的数据到平台数据库（数据池）中。结合数据科学和大数据技术，以及机器学习和人工智能等新兴数据处理技术，根据企业数据的类型、信用交易的类型等不同，进行差异化数据存储。例如，一些企业的基础信用信息、信用记录和档案信息等，可以由中小企业相关数据归集人员输入系统，未来，平台之间打破数据割据实现互联互通后，可以便捷地实现这部分信息的互联共享。企业基于电子商务平台和电子支付平台的商品、资金等信用交易信息以及客户的反馈信息，甚至是一些企业的原材料采购、库存、生产、经营、业务、客户等信息，都会被平台留痕归集，并被储存在信息数据库中，结合新型数据处理和分析技术，这些繁杂且非标的信息无需再次进行输入和加工处理。信用信息和数据归集、存储和分析的效率得到极大提升。

第三，基于大数据、云计算等技术，商业银行可以便捷、高效地获取中小企业信用信息进行金融信贷业务的大数据分析。现有的基于互联网交易的云数据平台在进行数据互联共享的过程中，可以通过包含状态传输的 WEB 服务对外屏蔽一些重要信息，而只共享特定的信息字段。商业银行可以主动实现与第三方互联网平台的数据互联，在取得授权后，快捷、及时地共享和获取中小企业信用测度的信息和数据，这样可以极大丰富传统商业银行企业信用测度部门的数据资源。随着商业银行数据资源的提升，数据资源也会逐渐趋于网络化和繁杂化，不同种类的数据之间的关联和互动逐渐增加，数据种类逐渐细化，商业银行仍然可以借助大数据、云计算等技术，逐步建立针对中小企业信用交易的、差别化的信用测度模型，精确、快速、低成本地选择信息和数据，结合测度模型做出更科学、精确、合理的中小企业信贷决策。

3.1.2 中小企业信用测度指标体系重构的内在逻辑

结合前文对中小企业信用风险的成因分析和大数据环境下中小企业融资的新形势和新特点，以及技术要素对中小企业信用测度的支撑，本书认为，中小企业信用测度的指标体系需要重构，而重构的逻辑则是基于前文的这些理论分析。大数据时代下，中小企业信用测度的指标体系的初始构成应该包含五个维度。

第一，企业基础信息。参照传统中小企业信用测度指标体系，企业基础信息是进行任何形式的信用测度不可或缺的维度。企业基础信息包含企业的经营信息、特征信息、管理信息等。其中，经营信息包括企业的基础财务信息、盈利、增长、信贷、生产、经营、存货、负债等会计数据；特征信息包括企业的业务和产品范围、员工、管理者等数据；管理信息包括企业的内部管控制度建设、绩效评级方法、信用管理手段等信息。企业基础信息通常由企业的相关人员输入系统，结合数据分析和处理技术，对差异化数据进行标准化处理，以成为信用测度的基础信息资源，方便数据处理过程中对数据的筛选、检索和综合分析。

第二，动态财务信息。动态财务信息主要是针对中小企业在信用交易过程中所形成的财务流水信息，这里强调的是对信用交易数据的"动态"更新，主要包括企业信用交易的订单数据、交易总量数据、交易主体的支付数据、企业存货和物流数据、资金变动数据、应收账款数据等。这些数据最终会形成描绘信用交易的"财务会计流水原始凭证"，是真实反映中小企业信用交易和生产经营状况的一手信息。同时，随着信用交易的开展，这些信息会及时动态地沉淀在基于大数据的信用交易平台和云数据库中，并实现平台云数据库的动态信息与传统企业财务报表的静态信息的整合和对接。并且，结合信用测度和风险管理决策的需要，平台云数据库也可以对信用信息进行动态的筛选、检索和综合分析。

第三，宏观政策信息。大数据环境下，针对中小企业信用测度，不能忽视企业外部的宏观经济社会环境。根据前文对大数据环境的分析，不难发现，宏观经济社会环境的变化，会对中小企业信用交易过程产生重要的影响，且这样的影响也符合大数据"相关性"的本质特征，可以采用大数据技术进行宏观环境与企业信用的相关性分析。笔者认为，宏观经济社会的一个重要体现就是宏观政策信息。本书在后续的实证分析中，将会采用文献研究与政策文本分析结合的方法，通过对政策文本文献的研究，以及对研究文本关键词聚类、热点分析，探索企业所处宏观环境中与信用相关的政策重点和研究热点，研究热点是对政策发展侧重点的补充，并结合政策文本编码方法，用三维坐标系进行研究分析，探究宏观政策信息类指标对中小企业信用测度的影响。

第四，客户反馈信息。客户反馈信息主要是指在中小企业信用交易过程中，交易双方对交易标的物的质量、信息质量、信用状况、服务质量、货运物流质量、认可度等产生的反馈信息。以电子商务交易为例，客户反馈信息包含：产品与描述的一致性、产品正品率、服务满意度、投诉率、卖家处理投诉满意度、发货时间、买家分享程度、复购程度等信息。传统环境下，中小企业信用交易的这些信息很难被记录和存储；大数据环境下，这些客户反馈信息不仅成了传统会计信息的重要补充，更是对传统会计统计和信用测度理念的颠覆。由于技术和方法的限制，传统的会计统计和信用测度需要在手工环境下对会计要素进行界定。只有那些重要且可以进行货币计量的信息才会被纳入统计和测度的范畴，并进行信息的分类、筛选、确认、测度和分析。大数据环境下，海量且全面的中小企业交易信息和客户反馈信息共同构成了企业本身的数据资产，这些信息会被技术手段有效地归集捕捉、筛选确认、分析测度。未来，这部分非财务指标数据将不只是传统财务指标的补充，而且会逐渐成为中小企业信用测度和风险决策的重要的数据基础。

第五，信用共享信息。信用共享信息主要是指企业内部以及政府和相关社会公共部门所掌握的信用交易相关信息，主要包括企业制度章程、企业股东股权结构、企业投资人身份、企业信用记录、企业重要合同交易记录、诉讼判决执行等记录、企业产权记录，以及企业所有者的信用记录等档案信息，这些信息往往需要企业、政府机关、社会公共部分之间通过信息互联互通和共享机制获得。其中，一部分信息需要企业相关人员人工输入和上传，通过多方平台互联实现信息互联共享。未来，在大数据技术的支撑下，这些信息将和其他企业信用测度指标信息一起，在标准化基础上，为中小企业信用测度提供基础的信息和数据支撑。

3.2　中小企业信用测度指标确定

如前文所述，中小企业融资面临的制约因素很多，信用管理是不可忽视的一个方面，而中小企业信用管理的核心是信用测度。大数据为信用管理带来了新工具、新理念、新方法，同时，大数据又给中小企业信用交易带来更加复杂的背景和更多的不确定性，相比传统交易模式，信息不对称程度也大大增加。与一般情形下的信息不对称问题类似，信用交易过程中的信息不对称同样会给交易主体带来逆向选择和道德风险，进而更大程度地带来交易成本的增加和市场效率的衰减。在这样的背景下，更需要借助大数据技术手段，实施有效的中小企业信用管理实践，当然，核心仍然是信用测度问题研究。总之，中小企业信用测度问题不仅要继续关注传统信用交易模式下的指标确定问题，还要关注大数据对信用测度指标产生的影响。

大数据环境下，中小企业信用测度体系主要包含两个部分：一是信用测度指标体系；二是信用测度模型。科学合理的测度指标体系是信用测度体系构建的基础，信用测度指标体系以多层次、多维度、多渠道的海量信用信息所构成的原始信用数据为基础，结合一定的统计学和大数据的工具和方法，对原始数据进行有效的分析和处理，进而概括出数据背后的本质特征。这里提及的多维性、规模性、多样性、相关性等特征与大数据技术的本质特征高度一致。维克托·迈尔-舍恩伯格和肯尼思·库克耶在《大数据时代》一书中提出，大数据是海量、高增长和多样性的一类信息资产的统称，大数据分析需要借助新的数据处理模式，以发挥大数据更优的发现力、决策力和模式优化能力。大数据的数据规模宏大，其在数据归集、储存、检索、处理、分析等方面已经完全颠覆了传统数据分析和数据库软件的能力范围，具有规模性、流转性、多样性和低价值密度性四个特征。随着大数据时代的深入发展，大数据已经逐渐渗透到企业生产经营、居民消费、政务治理、商务活动等经济社会的方方面面，并在各个领域内和不同领域之间不断拓展、累积、发展和革新。大数据已经逐渐被各行各业视为重要的生产要素，在中小企业信用交易领域表现得尤为突出。同时，大数据也为中小企业信用交易的决策选择、信用融资、仓储营销、前景预测等带来颠覆性的影响，为社会信用体系建设提供了新的方法和路径选择。经济社会生活中海量繁杂的数据借助大数据技术和数据科学方法的支撑进行归集、清洗、检索、整合、挖掘和分析，可以转换成有用的信用数据，也为信用风险管理和信用测度提供了基础数据，提升了信用测度的精准度，实现了"一切事件皆数据，一切数据皆信用"。

3.2.1 中小企业信用测度指标确定原则

基于大数据的中小企业信用测度，首先需要掌握海量且繁杂的数据信息，并结合大数据技术和大数据分析方法，对这些具有现实意义的信用数据进行专业化处理。现阶段，大多数中小企业授信业务是通过商业银行完成的。但是，由于历史原因和商业银行竞争等因素的影响，各个金融机构并没有遵循统一的信用测度标准，在构建符合我国中小企业特色的信用测度体系之前，需要先确定基于大数据的中小企业信用测度指标。研究和确定中小企业信用测度指标应当遵循系统全面性、合法合规性、实操和针对性以及有效性等原则。

（1）系统全面性原则。

中小企业信用交易过程会涉及多个主体，包括交易主体企业、物流运输机构、金融中介机构，甚至是交易主体企业的利益相关企业等。如前文所述，在进行信用测度的过程中，尤其是建立信用测度模型时，既应该关注交易主体企业的信用状况，还应该关注其他相关主体或相关要素对核心企业信用状况的影响。这方面可以理解为企业外部的因素，这包括宏观经济环境、行业发展、区域社会经济发展等要素对核心企业信用状况的影响。

近年来，信用管理领域里快速发展的大数据征信理论研究和实践拓展，对构建中小企业信用测度指标体系极为有利。征信数据的沉淀和积累、征信指标体系的完善和更新使得基于大数据征信的中小企业信用测度结果能更好地反映信用交易的全貌。但是，对我国近十年来征信行业的调研发现，大数据征信业务领域的发展仍然面临较为严峻的考验，突出表现为数据孤岛制约了大数据征信业务的发展。针对中小企业信用交易实践而言，信用交易本身的信息表现出碎片化、时滞性、不成系统、不够全面等特征。同时，与中小企业信用交易相关的外部信用信息（包括市场信息、政务信息、行业信息、金融信息等）则表现为孤立化、非标化、异质性等特征，自身信息与外部信息不融合、不互联、不互通，甚至外部信息之间更是不融合、不互联、不互通，这都制约了基于大数据的中小企业信用测度的发展。因此，进行中小企业信用测度，应当充分考量影响中小企业信用状况的、系统性的、全面的影响因素。当然，这个过程也需要各级政府积极推动信用的顶层设计，逐步完善社会信用体系建设和基于社会信用体系建设的营商环境体系建设，以辅助完成信用测度系统全面的指标体系，挖掘更多更重要的信用信息，结合系统全面的调研和有力的方法工具，使信用测度结果更具理论价值和现实意义。

（2）合法合规性原则。

基于大数据的中小企业信用测度，需要对信用交易信息和数据进行归集，进而进行相关的检索、存储和分析。在这个过程中，应当遵循合法、合规性的原则，尤其是在指标体系的涉及之初，应当注意信用大数据的安全性问题，以及相关的隐私保护等问题。现阶段，世界各个国家相关的法律法规差异性较大，在进行中小企业信用测度以及相关的指标体系建设的时候，应当格外关注数据的合法性。

一方面，有关信用交易数据隐私问题，国际社会许多国家都已建立健全了相关的法律法规体系。例如，欧盟于1995年出台了《数据保护指令》；美国于2000年也与欧盟联合颁布了《安全港协定》；英国于1998年签署实施了《数据保护法案》，这些已经成型的法律体系都在致力于保护交易过程中的数据隐私问题。但是，现阶段，我国有关数据隐私保护的相关法律法规体系尚未建立健全，对于一些牵涉隐私的信息数据，或者以此为基础建立的相关测度指标的使用授权较为模糊和混乱。这些问题如果不能及时解决，加之大数据隐私带给交易主体更多的不确定性因素，会导致合法合规性对信用交易的风险是不确定的，风险后果也是不可预知的。

另一方面，中小企业信用测度指标体系的建立还应当遵循一定的规范和范式，体现出指标体系建设的合规合理性。进一步讲，应当从底层至高层，从简单到复杂，逐步分层、分结构建立信用测度指标体系，每一步骤、每一层次都应当尽量做到特色鲜明且突出重点，充分反映出信用交易和信用风险的某一个方面。同时，指标体系的设计还应该关注可操作性的问题，如果指标体系的设计过于复杂，或者难以实现，又或者结构布局不够合理；体系设计不能有效支撑信用测度的过程，或者指标体系不能够真实全面正确地反映信用交易过程等，都将颠覆整个信用测度体系。

（3）实操和针对性原则。

中小企业信用测度指标体系的构建，需要从中小企业信用交易本身出发，不仅要关注与信用交易相关的主体的企业、行业和产业的整体情况，还要综合考虑宏观经济因素、市场因素、企业发展阶段、企业利益相关主体状况。企业内部也应该针对信用交易过程和特点，关注核心企业的经营者和员工的信用状况，结合多重因素，设计动态调整的测度指标体系，以提高基于指标体系的信用测度模型的针对性。中小企业信用测度指标的选取应当遵循实操性原则，对于一些归集难度较高、数据可获得性较低、数据分析过程过于繁复的指标，在指标设计之初就应该予以规避和处理。同时，由于我国中小企业的财务信息、经营信息等存在严重的信息不对称现象，且缺少类似于中国银行保险监督管理委员会这样的信息披露和监管机构，会计审计等机制尚未建立健全，已存在的中小企业信用数据库尚未突破发展瓶颈，信用信息存在孤岛、割据、时滞等，现有的信用测度指标无法真实、有效地反映中小企业信用交易的状况，这更凸显了在测度指标设计过程中注重实操性原则的重要性。

（4）有效性原则。

中小企业信用测度指标体系的有效性依赖于信用交易大数据的有效性。大数据时代下，人们生活的方方面面，各行各业都在谈论和追逐大数据，大数据似乎变得无所不能、无处不在。但是，对大数据的过度强调和过分解读也会挑战大数据的有效性。一个公认的正确认识大数据的观点是：第一，大数据不是万能的；第二，数据量与数据价值不一定成正比。由于数据量的爆发性增加，数据价值密度也会相应下降，大数据价值同样符合"二八定律"，即一组数据源中，只有20%左右的数据是有效且有价值的。因此，在归集中小企业信用测度指标的原始数据过程中，数据抓取、归集、挖掘的方向非常重要，同时需要对数据进行技术化的清洗。如果只注重数据量和指标数量的拓展，可能会降低指标的有效性。只有遵循了信用测度指标的有效性原则，才能使提炼的测度指标更具说服力。

3.2.2　中小企业信用测度指标体系构建

马云2014年曾阐述：自2013年开始，人类已经从信息（IT）时代步入了数据（DT）时代。大数据时代，信息和数据成为经济主体的资产，社会主义市场经济环境下，大数据给所有企业、行业和产业带来了创新和变革，也带来了红利和颠覆。大数据下中小企业信用测度指标体系的构建应该同时考虑数据的深度和广度两个维度。

数据深度，主要是指在中小企业信用测度指标体系构建的过程中，应当结合机器学习、人工智能、云计算等方法和工具，梳理海量繁杂的信用信息和数据之间的逻辑和结构关系，并对信用大数据进行归集、检索、分类、清洗等处理，使得差异化的原始数据转变成为新的、有价值的转换数据。进一步地，再由转换数据合并至"元变量"并将之输入不同的模块，以表示信用交易过程的不同特征，进而形成一种交易不同信用特征的信用测度指标，而这个过程就是大数据深度的具体体现。

数据广度，主要是指在传统的统计和数据分析处理手段和技术的基础上，结合大数据技术，拓展数据采集渠道，增加可挖掘的数据总量，提升数据处理能力。以基于网络载体进行的信用交易为例，网络用户在信用交易中生成了语音、视频、文字、图像等非结构化数据内容，这些数据内容对中小企业信用测度指标体系构建具有一定的价值，能够提炼出与中小企业信用测度相关的共同因子，如客户信用状况等，且基于大数据挖掘和计算的客户信用状况指标，可以更全面、真实、有效地反映现实情况。因此，数据广度实质上是要求基于大数据的信用测度指标体系构建应当重点关注信用交易的内容数据和行为轨迹数据。

此外，基于大数据的信用体系和信用信息采集，应该包含交易数据、三方数据和轨迹数据三个维度。笔者认为，上述的三个维度更能全面覆盖中小企业信用测度的指标，且依据此构建的指标体系不仅兼顾了动态和静态两类数据，而且兼顾了传统统计和大数据两方面，更符合中小企业信用测度指标体系构建和信用信息数据采集的要求。本书将以这三个维度为基础，结合相关理论、研究成果以及中小企业信用交易的实践，对每一个维度下的具体测度指标进行分类讨论和提炼。大数据环境下中小企业信用测度指标如表3-1所示。

表 3-1　大数据环境下中小企业信用测度指标

维度指标	一级指标	二级指标	维度指标	一级指标	二级指标	维度指标	一级指标	二级指标
交易维度	产品质量指标	产品质量	三方维度	行业状况	宏观环境	轨迹维度	主体忠诚指标	视频信息
		产品合格率			行业发展			文本信息
		产品退货率			区域发展			图像信息
		……			……			音频信息
	交易规模指标	累积交易量		财务运营指标	经营能力		主体分享指标	……
		交易成功率			盈利能力			转发频率
		顾客忠诚度			运营能力			分享数量
		潜在市场开发			偿债能力			专题群聊
		新顾客增长率			发展能力			……
		……			……		管理者素质指标	信用评价与交易历史
	服务质量指标	售后服务		金融交易指标	信用评级			行为偏好
		物流配送			担保抵押			人脉关系
		保险服务			应收账款			履约能力与意愿
		……			……			……
	交易风险指标	信用风险		交易物流指标	电子物流		网络影响指标	网络点击数量
		信息风险			货物查验			网络粉丝数量
		支付风险			税费缴纳			网络搜索数量
		……			……			……

（1）交易维度。

中小企业信用交易的数据一般是动态的结构化数据，结合大数据技术可以对这些交易数据进行动态实时监测，并对交易数据进行建档和及时更新。交易维度的常见指标是中小企业的信用承诺质量和契约品质，与信用承诺质量相关的指标包括信用承诺与行为的一致性、承诺达成率等；与契约品质相关的指标包括信用交易态度、保险服务、履约情况、违约率等。通过大数据技术，信用承诺质量和契约品质可以直观地显现出来，更有利于信用测度的深入开展。

结合交易成本理论，因为中小企业信用交易过程中存在较为严重的信息不对称现象，为了做出有效的投融资决策，信用交易的授信方需要付出较高的交易成本。交易成本主要包含搜寻成本、数据和信息成本、坏账成本和管理决策成本等。在互联网交易环境下，已经完成的信用交易双方可以通过交易评价积累和践约度评价等大数据信息的采集，大大降低新的信用交易的交易成本。

一般情况下，中小企业的守信行为会促使信用交易更快、更频繁达成，即信用交易的数量（交易规模）一定程度上可以反映出授信主体的认可度，也可以间接反映出企业的信用状况。交易规模可以用交易达成率、累计交易数额、新授信增长率等体现。此外，在大数据环境下，基于网络的信用交易的支付安全性、信息数据安全性等也会成为信用交易的重要风险来源，影响中小企业履约情况。

（2）三方维度。

中小企业信用测度指标构建的三方维度数据主要来自中小企业之外的政务、税务、工商、质检等各级政府行政和职能部门归集的数据；商业银行、证券公司等金融机构归集的金融数据；信用交易所依托的第三方平台沉淀的信用信息和数据等；中小企业贷款资质认证信息（包括工商注册信息、注册信息、纳税信息等）。当然，在传统的信用风险度量和信用评级过程中，通过第三方机构所取得的中小企业内部的财务信息和财务指标，仍然在大数据下信用测度指标体系构建中具有较强的说服力。

郜佳蕾（2020）指出，影响中小企业信用状况的财务指标包括企业盈利、资产规模、经营水平、偿债能力、企业发展等，这些应该作为中小企业信用测度的核心指标。信用测度的准确性取决于获取企业财务指标的可能性和精确性，信用测度指标在构建过程中，应当提高财务指标权重。中小企业在与传统商业银行或网络金融机构进行信用交易时，同样也应该成为信用测度指标体系的重要组成部分，这部分在传统的信用评级和信用风险管理中已经发展得较为成熟，主要包含金融机构对目标企业的信用评级结果、企业抵押担保情况、失信记录等。同时，由于中小企业信用交易的特殊性，以及中小企业财务管理的现实问题等，中小企业信用测度应当关注针对中小企业的指标，如关联企业状况、中小企业经营者和所有者信用状况、中小企业业务经营状况、消费者满意度等指标。张泽珩等（2020）在实证数据的基础上，采用主成分分析法提出了中小企业信用测度的五项重要指标，并将关联企业状况、中小企业经营者和所有者信用状况、中小企业业务经营状况、消费者满意度等指标纳入信用测度的指标体系中。

（3）轨迹维度。

大数据时代下，互联网对人们生活的影响越来越大，网络用户的覆盖面逐渐扩大，网络信息传播的影响力也逐渐扩大，更多的经济主体开始在网络媒介中寻找更多和更高的商业价值，甚至网络逐渐开始参与实现社会经济的价值均衡分配。在这个背景下，更多的信用交易也通过网络完成信息发布、信息搜索、信息磋商、交易、支付等网络轨迹和环节，因而也有更多的信用数据沉淀在网络环境中。网络信用交易的数据往往为动态、非结构化数据，因此这里面就涉及了海量的传统统计方法无法分析和处理的半结构化和非结构化数据。一方面，基于网络的信用交易往往会通过不同的媒体形式呈现出交易主体的自我情绪表达。基于大数据手段对相关的表情图像、音频数据、视频信息和文本信息等进行归集、处理、分类和分析，并结合相关的大数据分析方法和模型，用数据计算和描述出信用交易主体参与信用交易的真实过程，使得信用测度的结果更真实有效。另一方面，网络的显著特性是共享性，信息和数据在网络环境中会以极快的速度进行传播。在信用交易中，正面信息的分享和传播往往是无意识的，这也是进行有效信用风险管控的手段之一。因此可以将信用交易主体的转发、分享和群聊推广等网络行为也纳入信用测度的指标体系中，主体分享的广度和深度在一定程度上显示了交易对手的信用水平。

同时，现有的参考文献也有从管理者的素质和网络影响等角度进行指标选取的。管理者素质与中小企业信用的相互关系显示了管理者的信用状况可能对中小企业整体信用的影响情况。在网络和大数据环境下，运用大数据技术和方法挖掘企业管理的信用评分、信用交易历史、行为偏好、人脉关系、履约能力和意愿等行为信息和关系数据，不仅可以更加客观地呈现出企业管理者的个人信用状况，同时也可以从轨迹维度反映出目标企业的信用状况。例如，现阶段在国内实践较为广泛的"芝麻信用分"，就是基于大数据技术、机器学习、人工智能等技术，归集、挖掘和分析目标主体的行为偏好、身份特征、人际关系、信用交易历史以及履约能力和意愿等信用数据，其实质是基于大数据和网络信用交易实践的个人征信、评级和评分过程。

3.2.3　中小企业信用测度指标维度示例

根据前文对中小企业信用测度交易数据、三方数据和轨迹数据三个维度的论述，本书选取三方维度为主要研究对象，尝试基于维度指标和一级指标、二级指标，基于对已有相关文献的研究和借鉴，构建中小企业信用测度的三方维度指标体系（见表3-2）。这部分指标体系的构建主要从行业状况、财务指标、金融指标和交易指标四个方面来展开。

表3-2　中小企业信用测度三方维度指标体系

维度指标	一级指标	二级指标	三级指标	指标含义
三方维度	行业状况	宏观环境	宏观经济政策	GDP、货币政策、CPI
			法律法规政策	法律法规体系建设、政策扶持
		行业发展	行业发展阶段	初创期、成熟期、衰退期
			行业增长率	行业平均增长
			行业竞争水平	产品服务同质性、替代性
		区域发展	政府支持度	地方政府产业扶持、地方保护
			市场化率	市场化定价规则、市场开放度
		履约情况	行业均违约率	违约总数/总交易数

续表

维度指标	一级指标	二级指标	三级指标	指标含义
三方维度	财务指标	经营能力	管理者素质	从业年限、学历、信用状况
			员工素质	员工专业技能、受教育程度
			财报素质	财务制度、信息披露、审计
			企业文化素质	管理制度、激励制度、考核
		盈利能力	总资产报酬率	净利润/资产总额
			净资产收益率	净利润/资产平均余额
			销售利润率	销售利润/销售收入
		运营能力	资产周转率	销售收入/资产平均余额
			应收账款周转	销售收入/应收账款平均余额
			存货周转率	销售成本/存货平均净额
		偿债能力	流动比率	流动资产/流动负债
			速动比率	速动资产/流动负债
			现金比率	经营现金流/总负债
			资产负债率	负债/资产
			利息保障倍数	EBIT/利息支出
		发展能力	销售增长率	本期销售收入增长/上期销售
			资产增长率	本期总资产增长/上期总资产
			净利润增长率	本期利润增长/上期净利润
		履约情况	金融交易信用	偿债率、利息支付率、期限
			社会信用	工资支付、纳税、社会责任
	金融指标	担保抵押	价格波动	产品和服务的价格季度波动
			变现力	产品和服务变现能力
			易损度	产品和服务是否利于储存
		应收账款	账期	应收账款账期长短
			坏账率	应收账款坏账率
			退货率	产品和服务购买方退货比率
		信用评级	信用级别	三方机构对企业的信用评级
	交易指标	电子物流	物流电子化	仓促物流电子化率
		货物查验	货物查验率	交易货物查验比率
		税费缴纳	税费缴纳率	交易税费缴纳比率

第一，行业状况一级指标下，影响中小企业信用测度的因素主要选取定性指标，这部分的实证分析将在后续章节进行展示，例如，采用大数据技术、文本挖掘技术等对国家的宏观经济政策、法律法规政策、行业发展政策、区域发展政策以及履约情况等开展定性信用交易数据归集和分析。

第二，财务指标一级指标下，本书结合经典的金融风险和信用风险测度指标体系的研究方法和研究思路，主要关注中小企业的财务运营类指标。这部分指标不仅包括以企业资金流和企业运营为主线串联而成的经营能力、盈利能力、运营能力、发展能力等展示企业财务状况的定量指标，也会加入反映中小企业经营管理状况、履约状况、信用交易状况和社会信用状况等定性指标。

第三，金融指标一级指标下，主要考量中小企业以信用交易为载体获得金融支持过程中的主要信用测度影响因素，基于传统金融风险测度的研究思路和方法，选取价格波动、资金变现能力、产品和服务的易损性、应收账款账期、坏账率、退货率等传统金融风险测度指标，结合中小企业信用评级信息等，将企业信用交易的核心环境融入信用测度指标体系。

第四，交易指标一级指标下，企业物流、货物查验和税费缴纳等交易环节的信息同样可以侧面反映出中小企业的信用状况。因此，这部分二级指标和三级指标在进行中小企业信用测度的过程中也应当关注。

总之，根据以上4个一级指标，可以进一步选取宏观环境、行业发展、区域发展等16个二级指标，以及宏观经济政策、法律法规政策等38个三级指标，共同构建中小企业信用测度的三方维度指标体系。在后续的实证分析中，本书也会对交易维度和轨迹维度等方面的指标进行理论和实证分析。这些分指标体系相互作用，共同构成了测度中小企业信用状况的整体指标体系。在这个过程中，传统的统计学与数据科学大数据技术的交叉融合为大数据环境下的中小企业信用测度提供了工具和方法的有力支撑。

3.3　中小企业信用测度指标权重确定

在传统统计学中，往往采用层次分析法（AHP）确定指标权重，这是一种定量分析与定性分析相结合的决策因素分析法。层次分析法起源于20世纪70年代，由美国的数学家和运筹学家萨蒂（Saaty，T. L.）首次提出。层次分析法不仅被广泛应用于处理和分析复杂框架和多目标繁复系统体系的决策分析中，还可以将决策者对繁复系统的思维和决策过程进行量化处理和模型化分析，其分析过程融合了定性分析和定量分析，兼具数理统计方法的严谨性和德尔菲法的普适性，逻辑清晰、系统严谨、执行便捷、适用面较广。层次分析法的主要分析过程包括构建层次结构模型、构建判别分析矩阵、进行一致性检验等。

综合层次分析法的主要特征和分析过程，笔者也发现，在大数据环境下进行中小企业信用测度指标体系权重的确定，层次分析法的适用性受到质疑。一方面，在构建层次分析的判别分析矩阵时，传统的层次分析法要求模型构建者计算精确的数值来凸显不同指标之间的重要性，但是在大数据环境下，信用测度的指标异常复杂，指标体系所涵盖的维度也较广，整个指标体系的三级指标数据巨大，这时候想要对每组分析指标都赋予一个精准的比较值是不现实的，因此可以借鉴模糊数学的相关方法，用模糊的尺度来表示指标之间的重要性差异更加合理和可行。另一方面，传统的层次分析法在构建判别分析矩阵时面临工作量繁重、判别矩阵无法通过一致性检验等问题，因而需要进行反复的调整、检验、再调整、再检验等过程。在大数据环境下，这个繁复的过程将会变得更加繁重和难以承受。

由此可见，传统的层次分析法并不适合大数据环境下中小企业信用测度指标体系权重的确定，这就需要在算法上进行修正。部分国内外学者已经将模糊层次分析法（FAHP）应用到该领域中。FAHP是融合了模糊数学和层次分析的综合性分析方法，它在一定程度上改进了传统统计中层次分析方法的问题，其权重确定的结构也更科学和精确，操作过程也更加可行。FAHP主要包含两种：一是基于模糊数的FAHP，在这个方法中，不要求测度者提供判别矩阵的精确值，只需计算表征指标之间的重要性模糊量，这样就很好地解决了测度者主观思维判断的模糊性和测度对象的复杂性的矛盾，典型的代表是三角模糊层次分析法。二是基于模糊一致矩阵的FAHP，这个方法利用模糊一致矩阵对模糊层粗分析的一致性检验过程进行简化。以上两种模糊层次分析法对测度指标结构繁复、测度指标巨大、测度因素复杂的信用测度均适用。因此，在进行中小企业信用测度指标权重确定的过程中，FAHP 是一个优先的选择项。传统层次分析法和模糊层次分析法的对比分析如表3-3 所示。

表3-3 传统层次分析法和模糊层次分析法的对比分析

	AHP		FAHP
成对指标比较	1	同等重要	（1，1，3）
	3	轻微重要	（1，3，5）
	5	非常重要	（3，5，7）
	7	明显重要	（5，7，9）
	9	绝对重要	（7，9，9）
	2/4/6/8	中位数	中位数
	以上数值的倒数，显示指标位置互换后的比较情况		
递进层次构造	方法一致，包括目标层、准则层和指标层（总指标和分指标）		
判断矩阵构造	测度者对两两比较指标分别赋予精确值，进而构成判别矩阵		基于模糊函数，测度者对两两比较指标分别赋予模糊值，进而构成判别矩阵
单层指标权重计算	基于和积法、平方根法或者最小二乘法计算单层指标权重		确定初始指标权重，基于模糊函数，将所有大于其他同层模糊数的可能度作为单层指标权重
综合指标权重计算	方法一致，综合指标权重＝单层指标权重×上层单层指标权重		
一致性检验	C.R.＝C.I./R.I. 其中， C.R. 是一致性比例 C.I. 是一致性指标 R.I. 是随机一致性指标		文献尚未得到一致结论，需要进行进一步实证分析

4

中小企业信用测度研究

——政策分析视角

4.1 研究准备

基于政策分析视角的中小企业信用测度研究应当关注中小企业的外部环境，尤其是宏观经济环境。大数据环境下，对宏观经济环境的测度可以从政策的文本挖掘和文本分析出发。当前，我国企业信用交易的外部环境的典型代表是社会信用体系。构建良好的社会信用体系也是在为我国经济的发展提供优渥的土壤，因此社会信用体系的建设一直是政府工作的重点。党的十八大以来，党中央、国务院高度重视社会信用体系建设，不断加强顶层设计，推动社会信用高质量发展。党的十九大报告中也多次提及信用体系建设的重要性。2014年6月14日，国务院印发的《社会信用体系建设规划纲要（2014—2020年）》中明确指出，社会信用体系是社会主义市场经济体制和社会治理体制的重要组成部分。2022年3月20日，中共中央办公厅、国务院办公厅印发的《关于推进社会信用体系建设高质量发展促进形成新发展格局的意见》中指出，完善的社会信用体系是供需有效衔接的重要保障，是资源优化配置的坚实基础，是良好营商环境的重要组成部分，对促进国民经济循环高效畅通、构建新发展格局具有重要意义。

我国自开展社会信用体系建设以来，取得了许多实际的成效，并且有效地带动了经济的发展，这都离不开正确的政策引导。学者们对于社会信用体系建设的政策研究致力于运用多种理论和方法，以期从不同的视角来分析社会信用体系建设中的问题，总结经验以不断丰富我国社会信用体系建设的理论与实践领域。沈亚平和冯小凡（2020）将我国社会信用体系建设的政策分为：探索期（1988~2003年）、起步期（2004~2013年）、发展期（2014~2020），认为《社会信用体系建设规划纲要（2014~2020年）》中提出的建设社会信用体系的目标，标志着我国社会信用体系建设进入了快速发展期。因此，本书以政策的文献研究为切入点进行分析，并将文献研究的方法引入政策文本分析中，将研究热点与政策发布的重点领域关联起来，全方位、立体地了解我国社会信用体系建设工作，对促进我国完善社会信用体系建设，激发各市场主体的活力具有重要意义。

从理论意义上来说，本书从政策文本研究结合文献研究的视角出发，分析我国社会信用体系建设是一项新的尝试。笔者首先以"社会信用体系建设"为关键词获取了中国知网（CNKI）中2000~2022年的核心期刊和CSSCI期刊所刊发的520篇文献，保证了所研究文献的质量。同时为了研究近期我国社会信用体系建设的侧重点所在，笔者还选取了"信用中国"网站中所有中央政策法规以及地方政策法规，并筛选2020年至2021年12月31日的政策共1000条。在社会信用体系建设的研究中，鲜有从研究文献方面进行分析的文章，对于社会信用体系建设政策本身的专门研究也是寥寥无几，因此笔者希望可以丰富社会信用体系建设的研究方法，为其他学者提供新的研究切入点。

从实践意义上来说，本书对21世纪以来的权威研究文献进行梳理，同时从政府部门所颁布的政策本身出发，总结社会信用体系建设中的经验与不足，探索当下社会信用体系建设的着力点，展望未来的发展趋势，这将对全面完善社会信用体系建设，激发市场活力具有现实意义，也可以针对分析结果为接下来的政策制定提供可行的建议，以保证政策制定的合理性。

4.2 相关研究基础

在知网上通过"社会信用体系建设"为主题进行检索，并限制期刊为核心期刊和CSSCI期刊，得到520篇文献，通过手动筛选检查，将520篇文献都纳入研究范围中，利用Cite Space进行关键词聚类分析（见图4-1），可以发现学术界对于社会信用体系建设方面的研究主要集中在信用体系、信用信息、市场经济、政府信用、征信系统、信用建设、信用制度、信用档案、失信惩戒、政务诚信、社会治理等方面，对于政策方面的专项研究较少。其中我们也可以看出浙江省在社会信用体系建设文献研究方面比较突出，也可进行更加细致的研究，为其他省份提供可参考的经验与依据。

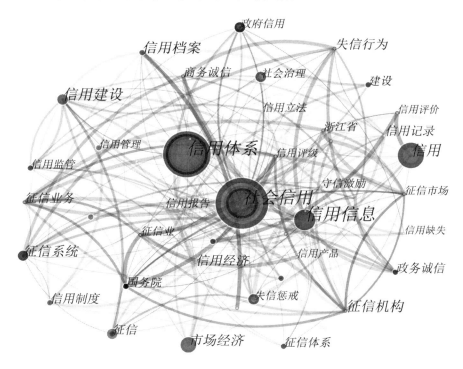

图4-1　我国社会信用体系建设文献研究关键词图谱

在中国知网上以"政策文本分析"为主题词，限定核心期刊与 CSSCI 期刊，可以得到 961 篇相关文献，导出 Reworks 格式的数据后，导入 Cite Space 进行关键词可视化分析，可以得到关键词图谱（见图 4-2）。从图 4-2 中可以看出，以政策文本、政策工具、文本分析、政策分析为主的文献颇多，但有关社会信用体系建设的政策文本分析却不多见。

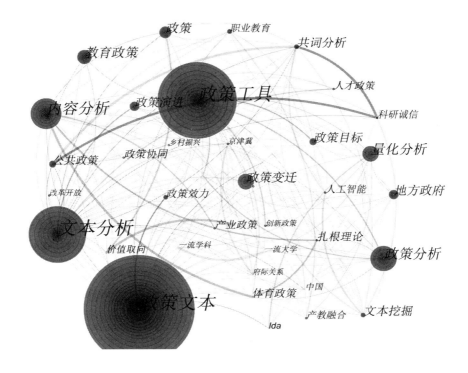

图 4-2　政策文本分析文献研究关键词图谱

门中敬（2021）在法理角度上认为"社会信用"的概念应界定为信誉及社会责任，将信用的含义从传统法学上的"债权的发生"扩展到"社会责任"而非"守法与履约"，以有效弥补守法与履约说的缺陷。胡登峰（2018）认为，信用服务市场是社会信用体系的有机构成和重要支撑，应大力完善信用服务市场。俞思念（2016）认为，我国应继续在实践中完善社会信用体系建设。邵娜和沈文娟（2019）认为，良好的社会信用环境有利于金融关系的建立，因此需要健全信用法律框架，完善信息共享工作机制，加大社会信用生态环境对战略新兴产业的支持力度。

然而目前我国社会信用体系建设政策还存在一些问题。吴晶妹（2011）认为，社会信用体系建设上存在政策不够全面、系统的问题。汪火根（2013）认为我国社会信用体系建设存在信用信息征集、各部门联动共享信息、政府自身守信机制不健全等问题。王昕生和毕俊杰（2021）认为，企业法人社会信用评价方面缺少直观的评价机制。唐晓鹰等（2016）认为，纳税信用方面存在着信用信息不完整、信用平台攻坚和发挥合力欠缺等问题。

关于我国社会信用体系建设中存在的种种问题，各界学者也提出了不同的建议。肖卫兵（2017）从立法角度出发，认为要特别关注异议处理和信用修复方面的问题，加强信息主体的权益保护，同时政府要做好带头示范作用，促进信用奖惩机制的建立。谢仲庆和刘晓芬（2014）从信用信息共享的角度认为要以统一的规法制度、统一的数据格式、统一的异议处理流程等来完成信息的高效共享，而不是执着于建立唯一的数据库。张卫和成婧（2012）从协同治理的角度出发，认为我国社会信用体系建设要运用治理的多中心思想以及协同的整体性思想，分类、分步推进社会信用体系建设。

通过对文献梳理发现，我国社会信用体系建设研究多从某一个特定角度出发来分析研究我国社会信用体系建设并提出相应的优化建议，但对于社会信用体系建设政策本身的挖掘较少。因此，本书试着从过往对于政策研究文献以及政策文本两方面出发，对社会信用体系建设进行分析，探索研究的热点与政策重点的关联，为完善社会信用体系建设提供新思路。

社会信用体系是一种社会机制，其概念由中国社会科学院"建立国家信用管理体系课题"组在1999年正式提出。吴晶妹和韩家平（2015）指出，社会信用体系是包含一维诚信体系、二维社会信用管理体系、三维信用交易体系的三维信用建设的系统性工程，是由信用立法、信用交易、信用监管、信用服务、失信惩罚机制、信用文化与教育等管理与服务体系共同作用交织形成的社会综合管理机制。从信用主体的划分来看，社会信用体系是由政府信用体系、企业信用体系、金融机构信用体系、消费者信用体系共同作用、相互结合的有机统一体。根据《社会信用体系建设规划纲要（2014—2020 年）》中的界定来看，社会信用体系建设主要分为政务诚信、商务诚信、社会诚信、司法公信四个方面的建设。

政策文本是能真实反映政府处理公共事务的行为归集，是对政策过程客观的、可追溯的文字记录。本书所研究的社会信用体系建设政策文本选取"信用中国"网站所公布的所有中央法规与地方法规政策文件进行文献文本分析，对文本进行可识别处理并对其特征进行提取分析，发掘内在的信息。本书所指的研究文献文本为中国知网上核心期刊与 CSSCI 期刊共 520 篇相关研究文章进行 Refworks 格式导出，并在 Cite Space 中进行格式转化所得到的文本。

20 世纪 70 年代到 80 年代，西方福利国家管理出现危机，各种社会组织为了弥补管理缺位，纷纷投身于管理国家事务之中，从某种程度上解决了政府的失灵问题。自此，西方学者开始对政府的管理理论进行研究。在 20 世纪 90 年代逐渐成为西方学术界广为探讨的话题。

对于"治理"这一概念的定义，学术界从多个角度做出了解释。其中，俞可平和何艳玲（2021）从政治学的角度将其定义为"治理是指官方的或民间的公共管理组织在一个既定的范围内运用公共权威维持秩序，满足公众的需要"。陈振明（2022）从公共管理的角度认为"治理是一个上下互动的管理过程，主要通过多元、合作、协商、伙伴关系、确立认同和共同的目标等方式实施对公共事务的管理，实质是建立在市场原则、公共利益和认同之上的合作"。顾建光（2021）从公共政策角度认为"治理是相关各方为影响公共政策的结果而开展互动的方式"。治理理论主要内容包括治理的主体、客体、手段方式以及目标。治理的主体是多元的，除具有公权的政府组织外，各种行业协会、非营利组织、民间组织均可作为治理的主体，并且在管理方式上更注重各个治理主体的平等合作。可以说，治理是指在不同的政府行政主体之间，通过自愿平等的合作来影响公共政策的效果，从而使公共利益最大化。

随着市场经济的快速发展，企业失信问题频发，这既是市场自身的缺陷，也是政府在监管层面的欠缺，但通过政府和民间组织的共同努力，可以有效地缓解政府和市场的失灵。由于市场主体天生具有追逐利润的本性和信息不对称的存在，导致了市场上的价格无法准确地反映出生产的真正成本。因此，如果不采取强制手段来制约，就会出现利用失信行为谋取非法利益的现象，使参与了积极的经济活动的信用主体不能得到应有的收益，导致整个市场交易成本上升。但是仅依靠政府机构来规范市场信用，可能会导致效率低下。公共管理理论强调政府部门、政府部门和其他社会组织之间的协作，借助市场内外的监督力量共同努力，完善社会信用体系建设，从而达到市场的良性运作。

制度变迁理论是新制度经济学的一个重要组成部分，国内外许多学者对此进行了较深入的研究。道格拉斯·诺斯是制度变迁理论的开创者，他从经济视角对制度变迁进行了独到的阐释，其中产权理论、国家理论以及意识形态理论构成了其制度变迁理论的三大理论基石。诺斯认为，制度是"博弈规则"，分为宪法、产权制度和合同等正式制度，规范和习俗等非正式制度。"所谓制度变迁就是制度创立、变更及随着时间变化而打破的方式"，制度变迁意味着制度的重新调整，是更高效率的制度安排对低效率制度的替代和转换。在这个过程中，实际制度供给的约束条件是制度的边际转换成本。诺斯认为制度变迁的类型分为强制性制度变迁与诱导性制度变迁。强制性制度变迁是由政府法令强制推行的非持续性、暴力供给驱动的变迁，是由政府通过法律或者行政命令进行的自上而下的强制做法，能够迅速激发"暴力潜能"，降低变迁的代价，完成体制的变迁，但其转型模式相对危险，容易引发民众的不满乃至反抗。诱导性制度变迁是一种渐进式的、持续的、缓慢的、自发的变迁，在变迁的过程中可以获得人们的合作，但也有可能出现"搭便车"的情况，其变迁的代价也较大。在现实的体制变迁中，为了降低信息成本、衡量成本和执行成本，政府会根据现实面临的不同状况和政策的不同，选择合适的制度变迁模式。

"社会网络"这一概念最早由 Barnes 于 1954 年提出，之后越来越多的学者开始研究"社会网络"的理论和方法。社会网络的节点就是指社会行动者，是社会网络的最小单元，而各个行动者之间的关联形成连线，称之为边，表示节点之间的关系，即社会网络是由一个个节点与节点之间的连线组成的。因此，进行社会网络分析的重点就是要进行节点的明确，即确定自己的研究对象，在本书中，就是要确定关键词，借助 ROST CM6 分析关键词之间的联系，最终形成社会网络分析图。

TF-IDF 算法，也称词频逆文本频率，是以统计学为基础的、计算词项权重的方法，常在文本信息检索与分析中进行加权，为数据集合中的某个词或者字段的重要程度进行打分。简单来讲就是当一个词或字段在某文章中出现的频率很高，但是在其他文章中出现的频率很低，就可以认为这个词有良好的区分能力，可以用来给文章进行分类。对词或字段进行重要程度评估也会影响到整个文本数据的重要程度，从而对最后的排序进行优化。TF-IDF 算法可以过滤掉常用的词，留下重要的词，由于传统的 TF-IDF 算法过于简单，不够精确，存在着一些缺点，所以本书采取优化的 TF-IDF 算法进行分析，以完成对政策文本关键词的提取。

政策工具的应用是笔者分析政策文本的一个特点，作为调整政策价值取向的重要手段，政策工具明确强调顶层政策设计目标的价值取向概念，对政策文本分析的科学性和准确性具有直接的影响。政策工具内部各要素的动态交互过程也是政策主体与客体的结构匹配过程。因此，如果政策工具的类型与政策分析的领域存在差异，那么政策工具的关注点将无法同政策研究领域对应，从而会打断整个政策研究的过程，得到与事实不符的结果。因此，我们国家在政策制定过程中，需要科学、谨慎地为特定研究对象选择正确的政策工具。

政策工具的分类将会影响本书内容分析的结果，因此对政策工具类型进行正确的分类显得至关重要。1990 年以来，学术界对政策工具类型的研究呈现出不同的特点，根据不同的研究视角和分类标准，将政策工具分成了不同的类别。由于本书所研究的政策文本比较宏观，研究视角较宽泛，因此将政策工具分为强制性工具、自愿性工具、混合型工具三种。

4.3　中小企业信用测度的政策文本分析

4.3.1　数据来源

本书通过 Python 爬虫技术，搜集了信用中国网站的中央政策法规以及地方政策法规共 1000 条（见表 4-1）。笔者在中国知网以"社会信用体系建设"为主题进行期刊检索，共得到 3264 条结果，出于文献可靠性的考量，限定核心期刊和 CSSCI，得到 520 条结果（见图 4-3），并进一步进行手动筛选，最终决定使用这 520 篇文献作为此次文献研究的样本。

表 4-1　中央政策法规示例

序号	发布时间	标题	分类	来源
1	2022 年 3 月 30 日	国家发展改革委办公厅关于重点开展"征信修复"问题专项治理的通知	中央政策法规	国家发展改革委网站
2	2022 年 3 月 20 日	关于推进社会信用体系建设高质量发展促进形成新发展格局的意见	中央政策法规	国家发展改革委网站
3	2022 年 3 月 29 日	市场准入负面清单（2022 年版）	中央政策法规	国家发展改革委网站
4	2022 年 3 月 24 日	农业农村部关于推进农业经营主体信贷直通车常态化服务的通知	中央政策法规	农业农村部网站
5	2022 年 3 月 10 日	医疗器械生产监督管理办法	中央政策法规	市场监督管理总局网站
……	……	……	……	……
498	2020 年 2 月 29 日	国务院联防联控机制印发通知　进一步指导各地落实分区分级差异化防控策略	中央政策法规	新华社
499	2020 年 2 月 28 日	交通运输部关于分区分级科学做好疫情防控期间城乡道路运输服务保障工作的通知	中央政策法规	交通运输部网站
500	2020 年 2 月 28 日	国家知识产权局办公室关于大力促进知识产权运用　支持打赢疫情防控阻击战的通知	中央政策法规	国家知识产权局网站

资料来源：笔者根据政策法规和文献整理得出。

4.3.2　政策文本层级分析

本小节将利用 Python、TF-IDF 算法、ROST CM6 等技术手段对中央及地方的政策法规进行关键词抽取，并生成词频统计、词云图与社会网络分析图等，研究社会信用体系政策的重点。

```
RT Journal Article
SR 1
A1 张金波;
AD 北京市社会信用标准化技术委员会;北京昌平科技园发展有限公司;
T1 "十四五"时期信用标准化前景展望
JF 征信
YR 2022
IS 03
OP 7-16
K1 "十四五";信用体系建设;信用标准;信用标准化
 the 14th Five-Year Plan period;;social credit system construction;;credit standardization;;credit standard

AB 系统梳理社会信用体系建设和信用标准化的发展脉络,认为"十三五"时期信用标准化发展环境向好,信用标准化
活动呈现百花齐放局面,但在信用标准化发展过程中,需求侧、供给侧、监管侧等仍存在一些问题。"十四五"时期,
全面深化改革为社会信用体系建设建设提出新课题,数字经济发展加速社会信用体系建设纵向横向融合发展,建设高
标准市场体系和实施标准化纲要推动高质量发展凸显信用标准化的重要地位,信用标准化发展前景应引起充分关注。

SN 1674-747X
CN 41-1407/F
LA 中文
DS CNKI
LK https://kns.cnki.net/kcms/detail/41.1407.f.20220321.1533.004.html
```

图 4-3　提取样本文献示例

（1）中央政策法规分析。

第一，利用 Python 的 jieba 分词包对政策文本进行分词去停用词处理，然后进行词频统计，选取词频数前 30 的重点词，结果如表 4-2 所示。从表 4-2 中可以看出，社会体系建设政策在"发展、服务、建设"等强制性的政策工具方面多有侧重，发展与服务的词频均高达 6000 多次，平均每篇政策出现 12 次以上，这可以说明我国社会信用体系的侧重点在于使体系更好地服务于各项信用主体，也可以看出我国社会信用体系建设是在实践中不断求发展、求进步。"企业"一词的出现频率高达 5288 次，说明我国社会信用体系建设政策制定上较多地以企业为切入点，也从侧面反映我国社会信用体系建设在商务诚信建设方面较为成熟。

第二，中央政策文本词云图是依据词频统计所生成的词云图（见图 4-4）。词云图中的字体越大，则表明其在政策文本中出现的次数越多，也表明政策制定的重点所在。词云图相较于词频统计，能更加直观地反映出信息，从词云图中可以看出"发展、服务、建设、企业、工作、国家、信息"处于第一梯队，第一梯队中大多是强制性政策工具的范畴；"部门、管理、信用、监管、推进、

表 4-2   中央政策文本词频统计   单位：次

词名	词频	词名	词频
发展	6698	完善	3082
服务	6543	支持	2977
建设	5542	实施	2724
企业	5288	推动	2707
工作	4716	机制	2666
国家	4445	制度	2536
信息	4325	社会	2411
部门	4154	项目	2281
管理	4050	市场	2267
信用	3718	体系	2239
监管	3699	建立	2213
推进	3579	提升	2177
机构	3525	依法	2151
相关	3451	组织	2150
改革	3329	创新	2109

图 4-4   中央政策文本词云图

机构"等处于第二梯队；"市场、完善、项目、建立、推动、实施、机制"等
则可以纳入第三梯队，由此可以直观地将词频统计的内容展示出来。

第三，社会网络图。将中央政策文本导入 ROST CM6 生成共词矩阵（见表4-3），接着利用该矩阵生成社会网络图（见图4-5）。结合表4-3与图4-5可知："发展"与"建设"之间的有向弧最粗，符合社会信用体系建设处于快速发展期的设定；"部门"与"管理"之间的有向弧次之，体现出我国社会信用体系建设方式主要是政府主导下的多部门主体参与治理的模式；"市场"与"部门"之间的有向弧较细，说明社会信用体系建设在市场这类自愿性政策工具方面的工作仍需加强，要加强政府、市场、社会之间的联系。

表4-3　中央政策文本共词矩阵　　　　单位：次

	服务	发展	管理	企业	建设	部门	加强	机构	国家	监管	信用	市场
服务		1151	1039	847	1167	760	1158	1129	724			
发展	1151		703		1477	700	1079		1395			708
管理	1039	703		828	903	1435	1212	947	789	761		878
企业	847		828			707		780			851	739
建设	1167	1477	903				1422		965			
部门	760	700	1435	707			927		755	761		703
加强	1158	1079	1212		1422	927			737	979		720
机构	1129		947	780								
国家	724	1395	789		965	755	737					
监管			761			761	979					1025
信用				851								
市场		708	878	739		703	720			1025		

第四，关键词聚类分析。本小节将利用 Cite Space 对政策文本进行更为细致的关键词聚类分析，由于 Cite Space 分析的数据格式多为知网、Web of Science 等导出的固定格式，不支持对自定义文本进行关键词聚类分析。因此，在该节中，首先利用 Python 对政策文本进行关键词提取处理，最终提取每个政策文件中权重为前10的关键词，其次对比标准的 WOS 格式对所得文本数据进行伪装处理，使之成为 Cite Space 可识别的标准数据（见图4-6）。将准备好

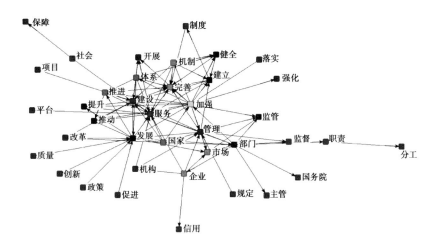

图 4-5 中央政策文本社会网络图

```
PT J
AU 国家发展和改革委员会,
AF 国家发展和改革委员会,
TI 国家发展改革委办公厅关于重点开展"征信修复"问题专项治理的通知
SO 国家发展改革委网站
DT Article
DE 治理,征信,信用,专项,修复,台账,监管部门,财金,开展,牵头
AB 国家发展改革委办公厅关于重点开展"征信修复"问题专项治理的通知
C1 国家发展改革委网站
CR
NR 0
TC 0
SN
EI
J9
PD JUN 15
PY 2022
VL
IS 05
BP 1
EP 9
DI
PG 9
UT CNKI:0
ER
```

图 4-6 中央政策文本格式伪装示例

的数据导入 Cite Space 中，进行关键词聚类分析，选用 LLR 算法，共生成 10 个标签，对应十个不规则区域，标签顺序从 0 到 9，数字越小则表示该聚类中的关键词越多，每个聚类是由多个紧密关联的关键词节点组成的，其中 Cite Space 依据网络结构和聚类的清晰度，提供了模块值（Q 值，即 Modularity Q）和平均轮廓值（S 值，即 Mean Silhouette）两个指标，当 Q 值>0.3 时，聚类结构就是显著的；当 S 值达到 0.5 即被认为是合理的；当 S 值>0.7 则可以认为聚类效率很高、令人信服，其中 Q 值 = 0.5496，S 值 = 0.8209，该聚类十分显著（见图 4-7）。

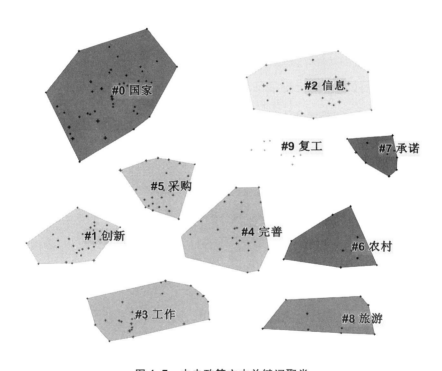

图 4-7　中央政策文本关键词聚类

对聚类标签的信息进行提取，聚类内代表性关键词括号中的数值越大，代表强度越大，本书选取了各标签的五个代表性关键词（见表 4-4）。

结合图 4-7 与表 4-4 可以看出，在 2020~2022 年社会信用体系建设政策的主要关键词有国家、创新、信息、工作、完善、采购、农村、承诺、旅游、复工等，其中"国家"是最大的聚类，体现了我国社会信用体系建设主要采用的政策工具多为强制性政策工具，这也与词云图所体现的关键信息相吻合。"复工"是聚类效率最高的，此聚类中的代表性关键词"复工、复产、有序"体现的是我国在面对新冠肺炎疫情的影响下，既要做好疫情防控又需做好经济发展的统筹部署；"平台、直播"中可以窥见受疫情的影响仍加速成长的行业，因此如何实现灵活有序的复工复产这一热点在疫情未止的情况下，将仍旧是政策制定的重点所在。

表4-4　中央政策关键词聚类标签信息　　　　　单位：次

聚类	文本量	S值	文本起始年份	聚类内代表性关键词
#0 国家	42	0.677	2020	国家（18.83，0.0001）；政策法规（9.2，0.005）；规划（9.2，0.005）；实施方案（9.2，0.005）；能源（9.2，0.005）
#1 创新	30	0.783	2020	创新（20.04，0.0001）；支持（17.48，0.0001）；科技（15.36，0.0001）；监管（15.13，0.001）；学术（15.13，0.001）
#2 信息	29	0.775	2020	信息（14.69，0.001）；收费（10.94，0.001）；法人（7.29，0.01）；惠农（7.29，0.01）；资金（7.29，0.01）
#3 工作	29	0.841	2020	工作（18.59，0.0001）；依法（8.37，0.005）；医疗机构（7.86，0.01）；有关（7.6，0.01）；信用（6.96，0.01）
#4 完善	25	0.826	2020	完善（11.86，0.001）；城乡（9.73，0.005）；机制（9.47，0.005）；体系（9.34，0.005）；社会（9.34，0.005）
#5 采购	25	0.861	2020	采购（25.7，0.0001）；耗材（25.7，0.0001）；招采（25.7，0.0001）；行为（20.2，0.0001）；信用（18.4，0.0001）
#6 农村	13	0.976	2021	农村（26.92，0.0001）；农业（17.06，0.0001）；金融服务（12.61，0.001）；振兴（12.39，0.001）；乡村（12.39，0.001）
#7 承诺	11	0.983	2020	承诺（22.73，0.0001）；证明（22.73，0.0001）；核查（21.49，0.0001）；告知（21.02，0.0001）；承诺制（21.02，0.0001）

聚类	文本量	S 值	文本起始年份	聚类内代表性关键词
#8 旅游	11	0.96	2020	旅游（30.5，0.0001）；文化（30.5，0.0001）；场所（16.07，0.0001）；互联网（16.07，0.0001）；服务行业（16.07，0.0001）
#9 复工	9	0.984	2020	复工（19.45，0.0001）；有序（18.23，0.0001）；平台（17.11，0.0001）；复产（13.83，0.001）；直播（12.13，0.001）

"承诺、农村、旅游"的聚类效率也很高。"承诺"的聚类中，"承诺、承诺制"体现了近年来在社会信用体系建设过程中，为了实现便民利民，政府所开展的证明事项告知承诺制试点工程，以便于更加方便群众办事。该试点工程是在信用信息平台、联合奖惩机制等建设的基础上顺利开展的，此项工作既缩减了事前办理流程，又强调了事中事后监管的必要性。"农村"的聚类中，"农村、农业、乡村、振兴"等词与我国"实现脱贫攻坚与乡村振兴有效衔接"的工作重点十分契合，并且聚类中"金融服务"这一关键词则可以体现金融行业助力农业发展，为实现农业农村现代化添砖加瓦。"旅游"的聚类中，"旅游、互联网、服务行业"等词可以体现一种新兴的旅游商业模式，即在线旅游模式，简而言之就是将旅游信息等整合，并借助互联网平台为消费者提供服务。新兴的商业模式下更加凸显监管的重要性以及信用体系建设的必要性。尽管受疫情影响，旅游行业在 2020 年被按下暂停键，在线旅游平台的业务发展受到了一定的限制，但在政府各项政策的支持下，旅游行业开始复苏，并进入快速发展期。因此配套的政策监管措施亟待完善，此后的政策制定中，在线旅游的监管措施也将是重点所在。总的来看，中央政策文本在政府诚信、商务诚信以及社会诚信等重点建设领域多有涉及，但司法公信领域的政策文本相对来讲还存在不足。

（2）地方政策法规分析。

同样采取 Python 进行处理，选取词频前 30 的重点词，结果如表 4-5 所示。

表 4-5 地方政策文本词频统计　　　　单位：次

词名	词频	词名	词频
信用	38679	推进	5308
信息	15406	机构	5092
建设	10705	机制	4897
服务	10136	相关	4713
监管	9100	诚信	4626
社会	9059	市场	4613
企业	8630	领域	4381
部门	7176	事项	4365
工作	6532	行政	4319
评价	6246	主体	4176
失信	6045	完善	4135
管理	5952	公共	4055
体系	5855	实施	4041
单位	5683	建立	4035
发展	5484	平台	4022

　　从表4-5中可以看出，地方政策文件的侧重点在于信用、信息、服务、监管等方面，"监管、评价、管理、发展"等词可以体现出在中央政策的指导下，各地各部门结合自身特点，积极落实地方社会信用体系建设的局面，这也符合目前我国自上而下的建设模式特点。结合表4-2与表4-3，我们可以看出中央与地方都很重视企业层面的建设，不管是中央层面还是地方层面，商务诚信建设相较于政务诚信、社会诚信、司法公信都是比较成熟的，也从侧面反映了我国在政务诚信、社会诚信、司法公信等方面的建设仍需完善。

　　依据词频统计生成的地方政策词云图如图4-8所示。词云图中字体的大小可以反映关键词的重要程度，"部门、监管、建设、管理"等多涉及强制性工具，说明在地方政策制定上，多以强制性政策工具为主，在自愿性、混合性工具的使用上有所欠缺。

图 4-8　地方政策词云图

地方政策文本生成的共词矩阵及社会网络图如表 4-6 和图 4-9 所示。

表 4-6　地方政策文本共词矩阵　　　　　　　　　单位：次

	社会	建设	管理	信用	服务	体系	评价	部门	监管	公共	市场	企业
社会		2581	1362	4082	1588	2167		1460			1236	
建设	2581		1678	4005	1787	2926		1511	1465		1309	
管理	1362	1678		3675	1793			1910			1369	1476
信用	4082	4005	3675		3285	2975	2908	2808	2774	2756	2464	2691
服务	1588	1787	1793	3285				1633	1503	1422	1573	1819
体系	2167	2926		2975								
评价				2908								
部门	1460	1511	1910	2808	1633				1739		1450	1370
监管		1465		2774	1503			1739			2286	1457
公共				2756	1422							

续表

	社会	建设	管理	信用	服务	体系	评价	部门	监管	公共	市场	企业
市场	1236	1309	1369	2464	1573			1450	2286			1398
企业			1476	2691	1819			1370	1457		1398	

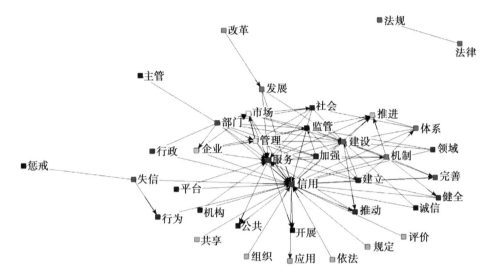

图 4-9 地方政策文本社会网络图

结合表 4-6 与图 4-9 可知：除"社会"与"信用"、"信用"与"建设"之间的有向弧最粗外，"信用"与"管理"、"信用"与"服务"之间的有向弧紧随其后，可以体现社会信用体系建设的重点不仅在监管层面，在服务层面也同样被重视。与中央政策文本的社会网络图一样，"市场"与"部门"之间的有向弧较细，说明在地方政策层面，自愿性政策工具方面的工作也需要加强，市场各主体与政府各部门的合作亟待加强。

本小节中，同样利用 Cite Space 对地方政策文本关键词聚类分析，进行伪装处理后的标准数据如图 4-10 所示。

将准备好的数据导入 Cite Space 中，进行关键词聚类分析，选用 LLR 算法，共生成 15 个不规则区域，标签顺序从 0 到 14（见图 4-11），可以看出此聚类的 Q 值 = 0.7575，S 值 = 0.8684，该聚类的效果同样显著。

```
PT J
AU 云南省人民政府办公厅,
AF 云南省人民政府办公厅,
TI 云南省人民政府办公厅关于印发云南省2022年深化"放管服"改革工作要点的通知
SO 云南省人民政府网站
DT Article
DE 牵头,职责,部门,政务,有关,服务,推进,改革,事项,监管
AB 云南省人民政府办公厅关于印发云南省2022年深化"放管服"改革工作要点的通知
C1 云南省人民政府网站
CR
NR 0
TC 0
SN
EI
J9
PD JUN 15
PY 2022
VL
IS 05
BP 1
EP 9
DI
PG 9
UT CNKI:0
ER
```

图 4-10　地方政策文本格式伪装示例

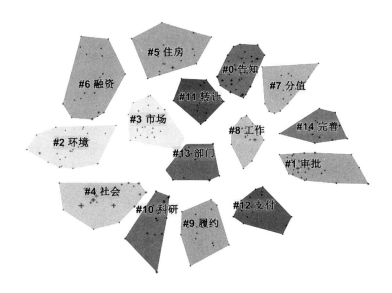

图 4-11　地方政策文本关键词聚类

接着对聚类标签的信息进行提取（见表 4-7），每个聚类各选取五个代表性关键词。

表 4-7 地方政策关键词聚类标签信息

聚类	文本量	S 值	文本起始年份	聚类内代表性关键词
#0 告知	35	0.784	2021	告知（56.6，0.0001）；承诺制（56.6，0.0001）；申请人（47.96，0.0001）；证明（35.41，0.0001）；承诺（29.58，0.0001）
#1 审批	32	0.939	2020	审批（21.42，0.0001）；信用（21.4，0.0001）；信息（19.83，0.0001）；事项（19.21，0.0001）；涉企（16.52，0.0001）
#2 环境	30	0.798	2021	环境（28.49，0.0001）；营商（23.46，0.0001）；推进（19.58，0.0001）；优化（19.11，0.0001）；丽水市（11.69，0.001）
#3 市场	26	0.852	2021	市场（37.26，0.0001）；监督（31.7，0.0001）；生产（29.54，0.0001）；管理局（18.2，0.0001）；分类管理（17.55，0.0001）
#4 社会	22	0.967	2021	社会（77.1，0.0001）；失信（51.45，0.0001）；信息（44.38，0.0001）；体系（44.17，0.0001）；建设（27，0.0001）
#5 住房	22	0.914	2021	住房（48.75，0.0001）；企业信用（39.34，0.0001）；主管部门（19.94，0.0001）；公积金（16.16，0.0001）；天津市（11.4，0.001）
#6 融资	20	0.866	2021	融资（20.24，0.0001）；金融（14.48，0.001）；牵头（12.27，0.001）；南宁（12.06，0.001）；配合（11.57，0.001）
#7 分值	19	0.94	2021	分值（28.51，0.0001）；公共资源（21.86，0.0001）；交易（19.87，0.0001）；指标（17.57，0.0001）；评分（17.57，0.0001）
#8 工作	18	0.652	2021	工作（31.88，0.0001）；检查（28.38，0.0001）；执法检查（28.11，0.0001）；开展（16.78，0.0001）；科室（16.22，0.0001）
#9 履约	17	0.842	2021	履约（15.05，0.001）；养护（11.7，0.001）；审核（11.7，0.001）；年度（10.01，0.005）；衢州市（8.87，0.005）

续表

聚类	文本量	S值	文本起始年份	聚类内代表性关键词
#10 科研	17	0.798	2021	科研（29.8，0.0001）；行为（29.78，0.0001）；科技（21.27，0.0001）；责任（18.69，0.0001）；从业（18.34，0.0001）
#11 转让	16	0.971	2021	转让（12.17，0.001）；用地（12.17，0.001）；划拨（12.17，0.001）；出租（12.17，0.001）；使用权（12.17，0.001）
#12 支付	16	0.931	2021	支付（30.95，0.0001）；医疗保障（20.31，0.0001）；医疗（18.11，0.0001）；拖欠（18.11，0.0001）；承包单位（18.11，0.0001）
#13 部门	14	0.916	2020	部门（21.34，0.0001）；有关（14.73，0.001）；市场主体（8.2，0.005）；职责（6.99，0.01）；政务（6.83，0.01）
#14 完善	13	0.941	2021	完善（36.04，0.0001）；制度（32.59，0.0001）；加强（20.15，0.0001）；机制（14.74，0.001）；市场监管（14.65，0.001）

从图4-11与表4-7中可以看出，地方政策文本的关键词聚类主要有"告知、审批、环境、市场、社会、住房、融资、分值、工作、履约、科研、转让、支付、部门、完善"15个方面，其中最大的聚类是"告知"，"承诺制、申请人"反映出在地方层面对事项告知承诺制试点工程的积极落实情况，同时也反映出在政务诚信方面的建设情况。聚类效率最高的是"转让"，在该聚类中，"转让、用地、划拨、出租、使用权"等关键词所体现的是我国的土地信用体系建设工作，政府意在凸显市场在资源配置中所起到的决定性作用，弱化政府的直接干预，促进土地的一级、二级市场的良好发展，同时从侧面反映出地方政府加强事中事后监管、构建统一交易平台，加强对交易双方的信用监管，以减缓信息不对称所带来的风险的必要。

总的来看，在对地方政策文本的聚类中，涉及"告知、审批"等政务诚信领域，"科研、支付"等社会领域，以及"融资"等商务诚信领域，但还需加强对司法公信领域的建设。

4.4 中小企业信用测度的政策趋势分析

4.4.1 政策领域趋势分析

在 Cite Space 的操作界面选择节点类型为关键词（keywords）进行科学图谱的可视化分析，可以得到关键词图谱，但关键词较多，因此进一步对关键词进行聚类分析，选择 LLR 算法，得到如图 4-12 所示的聚类图谱。聚类图谱侧重于体现聚类间的结构特征，可以突出关键节点及重点连接。图 4-12 中可以看到，Q 值 = 0.6922，S 值 = 0.8499，因此该聚类图谱的聚类结构十分显著，是可靠的。

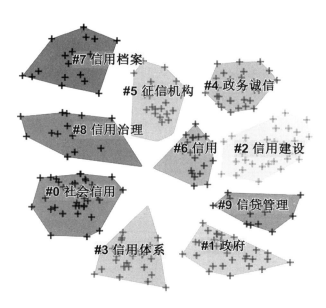

图 4-12　关键词聚类图谱

图 4-12 中各聚类按照数值从小到大所包含的文献量依次递减，笔者选取了 Cite Space 中 10 个聚类的相关数据（见表 4-8）。表格中的"聚类内代表性

关键词"文本截取了每一聚类前五个代表性最强的关键词，这些关键词有助于我们更好地把握我国社会信用体系建设研究方面的热点领域。

表 4-8　关键词聚类标签信息

聚类	文献量	S值	文献起始年份	聚类内代表性关键词
#0 社会信用	38	0.769	2010	社会信用（32.78，0.0001）；建设（31.27，0.0001）；政府信用（22.21，0.0001）；和谐社会（8.81，0.005）；社会信用体系建设（8.52，0.005）
#1 政府	33	0.754	2008	政府（12.22，0.001）；企业信用（12.22，0.001）；信用报告（12.22，0.001）；信用监管（11.6，0.001）；信用制度（11.6，0.001）
#2 信用建设	31	0.859	2010	信用建设（15.55，0.0001）；失信惩戒（15.23，0.0001）；征信（11.4，0.001）；社会治理（11.4，0.001）；协同治理（11.4，0.001）
#3 信用体系	29	0.818	2010	信用体系（42.18，0.0001）；分享经济（14.5，0.001）；房地产（9.64，0.005）；框架（4.8，0.05）；信息经济（4.8，0.05）
#4 政务诚信	28	0.906	2010	政务诚信（19.18，0.0001）；信用信息（17.85，0.0001）；社会诚信（15.31，0.0001）；失信行为（11.46，0.001）；失信惩戒机制（7.62，0.01）
#5 征信机构	27	0.912	2007	征信机构（25.88，0.0001）；征信市场（18.41，0.0001）；征信业务（14.69，0.001）；征信业（14.69，0.001）；浙江省（11，0.001）
#6 信用	22	0.882	2008	信用（36.68，0.0001）；电子政务（11.85，0.001）；对策（10.77，0.005）；个人信用（10.77，0.005）；体系建设（10.77，0.005）
#7 信用档案	17	0.889	2006	信用档案（23.39，0.0001）；中介机构（17.06，0.0001）；档案部门（5.64，0.05）；信用教育（5.64，0.05）；涉农金融机构（5.64，0.05）
#8 信用治理	17	0.937	2016	信用治理（14.52，0.001）；广义信用（10.75，0.005）；信用观念（7.21，0.01）；数字社会（7.21，0.01）；数字身份（7.21，0.01）
#9 信贷管理	15	0.902	2004	信贷管理（12.61，0.001）；中小企业（12.61，0.001）；征信体系（7.24，0.01）；呆账准备金（6.27，0.05）；征信数据（6.27，0.05）

在表4-8中可以看出，研究热点多为政务诚信、商务诚信领域，对于社会诚信、司法公信的研究较少，因此，社会诚信、司法公信领域的研究值得加以探索，以有效促进我国社会信用体系建设全面发展。

4.4.2　政策热点趋势分析

将关键词图谱转化为时线图，并结合关键词突现图，以便于更加准确地把握不同阶段的研究热点。

在图4-13中可以看出，"社会信用"一词的节点最大，说明社会信用一词是学者研究的重点，"营商环境、社会治理、信用治理"的节点虽小，但从其黑色度可以看出在近年来的关注量迅速增加，是社会信用体系建设领域研究的新热点。

结合2020～2022年政策文本所做的关键词聚类，可以看出时线图中2019～2022年的"信用监管、信用法治、信用修复、监管机制、社会治理、信用法治、信用治理、法治化、营商环境、实施机制"等词，与中央词频统计中的"建设、信用、管理、监管、实施、机制、依法、企业"及其聚类中的关键词"政策法规、实施方案、监管、依法、信用"等，以及地方层面的词频统计中"信用、监管、企业、失信、机制、行政、实施"和其聚类关键词中的"信用、环境、营商、监督、制度、机制、市场监管"等较为对应，可以认为政策文献研究的热点与政策文本的侧重点较为统一，具有较强的关联性。

同时结合政策文献研究的时线图与关键词突现图来看（见图4-13、图4-14），在2014年国务院通过《社会信用体系建设规划纲要（2014—2020年）》后，国家信用、政府管理、普惠金融等相继成为研究热点。在2016年《中共中央关于制定国民经济和社会发展第十三个五年规划的建议》发布前后，"信用中国、共享经济"等词成为研究的热点。结合关键词突现图可以看出进入新时代，我国社会信用体系建设政策仍然在不断调整和变化中。"政务信用"接替"政府信用"成为研究热点可以看出学者对于社会信用体系建设中的政务诚信重点领域是非常关注的，而信用监管、社会治理、失信惩戒、信用治理也是近年来关注最多的领域。

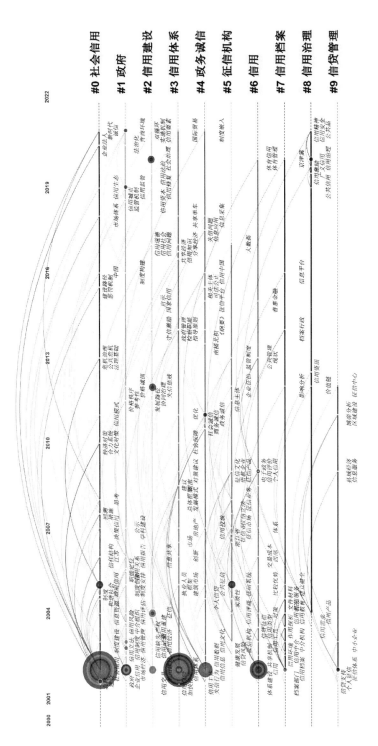

图 4-13　关键词聚类时线图

关键词	年份	长度	开始	结束	2000-2022
市场经济	2000	5.08	2002	2005	
信用体系	2000	4.69	2003	2006	
信用	2000	3.88	2004	2007	
政府信用	2000	3.46	2006	2013	
征信系统	2000	4.14	2007	2012	
征信体系	2000	2.63	2007	2009	
政务诚信	2000	2.94	2011	2018	
国务院	2000	2.6	2013	2019	
信用监管	2000	3.64	2019	2022	
社会治理	2000	4.54	2020	2022	
失信惩戒	2000	3	2020	2022	
信用治理	2000	2.82	2020	2022	

图 4-14 前十二名引用次数最多的关键词

5

中小企业信用测度研究

——信用交易视角

5.1 研究准备

　　我国的中小企业信用交易市场建立于中华人民共和国成立初期。经过了70余年的发展，我国中小企业信用交易市场对外开放程度也逐渐提升，融资功能不断提高，基础设施不断完善，在降低企业融资成本、丰富企业融资方式上都发挥了极为重要的作用，而且服务了实体经济的高质量发展。中国人民银行数据显示，2022年2月，我国中小企业信用交易市场共发行了各类债券44307.7亿元；截至2022年2月末，中小企业信用交易市场托管金额高达136.3万亿元。我国中小企业信用交易市场有非常强的发展势头。

　　企业债券占据了中小企业信用交易市场的绝大部分份额。2014年，"11超日债"的违约终结了"刚性兑付"时代，我国中小企业信用交易市场信用违约事件愈演愈烈，原来在金融机构和政府兜底下积累的信用风险逐渐浮出水面。申万一级行业中已经有大多数都出现了违约，债券违约主体包括私营企业、央企、地方国企和外商独资等，行业覆盖度很高。就违约金额来看，

2014~2019 年违约金额逐年提高，在 2018 年，新增债券违约金额同比增速竟超过了 300%。虽然 2019 年违约金额有所下降，但是仍居高位。并且，自 2019 年初以来，债券违约始终很高。企业债券违约逐渐成为我国中小企业信用交易市场的常态化问题。债券违约会加剧融资成本上升的风险，投资者对风险溢价的要求提高，导致债券利率抬升。债券违约不仅可能引发区域性信用风险发酵，增大由个别风险事件引发局部性和区域性信用风险抬高的可能性，还可能加大金融稳定和金融安全的隐患。债券违约会对我国中小企业信用交易市场健康有序发展产生不利影响，在此背景下，应该多加研究其影响因素。

我国从 2014 年出现企业债券违约事件至目前，年限并不长，相比于国外成熟的研究，我国的相关研究相对较少。我国专家也研究出了与国内中小企业信用交易市场相匹配的理论模型，但一般是基于整个中小企业信用交易市场的实证研究。笔者对 2017~2019 年众多发债企业进行实证研究，然后通过个体案例检验模型结果，探究我国企业债券违约的内部影响因素。影响企业债权信用测度的因素不仅包括内部因素，还包括外部因素，如自新冠肺炎疫情暴发以来，疫情环境也成了企业债券违约的一大因素。展望 2022 年，疫情影响仍未完全消退，加之我国经济发展面临需求收缩、供给冲击、预期转弱三重压力，不利于企业盈利增长和信用基本面修复，相关领域的信用风险仍将持续暴露。受新冠肺炎疫情影响，探究债权信用测度影响因素的结果容易受到干扰，所以本书选取 2017~2019 年作为研究区间。选择永泰能源股份有限公司作为检验对象是因为在 2017~2019 年，永泰能源股份有限公司发生债券违约 25 次，远超其他违约主体，具有典型特征。本书通过深入剖析，全面了解影响中小企业债权信用测度的影响因素，旨在通过影响因素对债权信用测度进行研究。

5.2　相关研究基础

债券是债务人发行的承诺按约定的利率和日期支付利息并偿还本金的债务凭证，具有法律效力。它反映了筹资者和投资者之间的债权债务关系，是有价证券的重要组成部分。债券发行人是债务人，购买者是债权人。债券可以按照不同的角度进行多种分类。例如，按照利息支付方式不同，债券可以分为息票债券、贴现债券和零息债券。按照发行主体不同，债券又可分为政府债券、公司债券和金融债券。通常政府债券有政府税收做保障，风险最小，但收益也最小。企业债权信用测度与宏观经济、行业发展以及企业自身经营管理都有关系，并且没有政府保障，企业债券的信用风险因此最大，但是收益也较高。

信用风险是与银行贷款或者投资债券等信用行为结伴而生的，是指受信方没有能力或没有意愿履行事先约定好的责任，导致投资者、银行或交易双方遭受经济损失的可能性。一般在信用交易中，在受信方偿还债务之前，有很多不确定性因素都可能导致受信方的偿债意愿或者偿债能力发生改变，致使授信方延期或永远没有办法收回债务。债权信用测度是指由于多种不确定性因素（如政策因素、宏观经济形势和企业财务状况等），债券发行主体不能够在约定日期偿还债券本金以及利息，而导致债券违约，进而导致投资者遭受损失。债券的信用风险是债券的主要风险，债券的信用风险越高，违约的可能性就越大，利息也就越高。

信息不对称现象在生活中很多领域都存在，但在经济领域中比较突出。信息不对称是指在市场经济体制下，个人、企业等不同主体所了解到的信息不是完全一致的。在信息非透明的情况下，了解信息更多的主体就会更占优势，而了解信息较少的一方则会处于劣势地位。在企业和投资者之间，企业为了赚取更大的利润往往会隐瞒一些信息，有时还会发生粉饰、造假财务报表的情况，出现这种情况时，投资者就会承担更大的风险。当信息不对称发生时，就会发生逆向选择和道德风险。道德风险一般是指在交易发生之后因为信息不对称而引发的风险。逆向选择是指在交易发生之前，由于信息不对称，而使一方不能够及时做出正确的决定。信息不对称现象在中小企业信用交易市场中更加普遍，发债主体是否可以发行债券，不仅要判断该主体的信用等级，还要判断其偿债的能力与意愿。但是发债主体为了更快且以更低的融资成本融到资金，可能会隐瞒自己的一些信息。投资者在投资时，一般是通过分析该主体的财务报表数据做出决定，但是发债主体可能会对自己的财务报表进行粉饰或者造假，就会引发由于信息不对称产生的风险。信息不对称理论表示信息对市场经济有非常重要的作用，提高信息透明度对中小企业信用交易市场稳定发展有着至关重要的作用。

破窗理论最初是犯罪学范畴的一个理论，后来引申到各行业，如金融行业。比如，有一幢有一些破窗的大楼，如果破窗没有被及时修理好，可能将会有破坏者破坏更多的窗户。最后，他们甚至可能会闯入大楼内，如果发现大楼内没有人居住，可能会在那里定居或者纵火。此理论提倡以儆效尤的方法，认为如果管理者对不良现象不加管制，人们就会效仿，甚至因为人们没有意识到此种行为的严重后果，而变得肆意妄为、变本加厉。中小企业信用交易市场中同样存在破窗效应。在中小企业信用交易市场中，政府充当着管理者的角色，当债券违约事件发生时，政府如果对其进行兜底担保，而不进行惩戒，发债主体就会意识不到债券违约的严重性，而继续这种"高收益、低风险"的行为，这样不仅会把风险转移到投资者和政府身上，而且会使中小企业信用交易市场无法平稳健康的运行。所以政府不应该对企业进行隐性担保，而应该对违约主体进行一定的惩戒，不能纵容这种现象持续发生。

西方国家资本市场对于债权信用测度的研究更加成熟一些，因为其资本市场兴起较早、历史悠久，所以发展也较成熟。在研究影响债券违约风险的因素上，国外学者擅长用实证研究和案例研究的方法，对公司企业外部环境和内部财务状况切入分析。在外部环境方面，Chava 和 Jarrow（2004）还研究了行业的发展和竞争对债权信用测度的影响。首先，通过研究大量违约主体的数据，发现行业的发展与债权的信用风险明显相关。行业发展越稳定，企业违约概率越小。Bevan 和 Garzarelli（2000）通过研究中小企业信用交易市场的大量数据，发现宏观经济情况会影响债券的信用风险，得出宏观经济越发达，债权信用测度越小的结论。因此宏观经济状况也可以对债券是否违约产生一个预警效应。其次，企业内部自身因素会对债权信用测度产生影响。Longstaff 和 Sanders（1992）通过对企业的财务指标进行分析，发现企业财务的所有者权益、财务杠杆率等指标对债权信用测度有影响。Hackbarth 等（2006）通过运用杠杆或有债务模型对数据进行分析，得出公司的债务情况可能会取决于当时的经济情况。他们得出，在企业处于违约或经营亏损的情况下，也可能在经济状况较好的市场中筹集到更多的资金。这说明，如果企业在经济发达时盲目发行大量债券进行融资，必定会引起债权信用测度的提高。

对债权信用测度的影响因素方面，国内学者也做了许多研究。对于外部环境影响因素方面。陈佳音（2019）从宏观环境、市场、行业发展和发行主体四个方面分析了我国近年来爆发式债券违约的原因，运用 Z-Score 模型证明了我国信用评级存在的问题，比较全面地阐述了我国债券违约的影响因素。郑步高和王鹏（2021）通过分析得出了在金融政策缩紧、宏观经济衰落的情况下，债券违约的概率会变大。张晓彤（2015）通过案例研究的方法对违约案例进行分析，发现行业发展状况会对债权信用测度产生影响。国内学者对企业内部影响因素也进行了分析，纳鹏杰（2008）通过研究发现公司的财务风险与债权信用测度有很大的关系，加强公司管理、优化财务风险管理、建立财务预警体系对降低债权信用测度有很大的作用。王秋龙（2018）选择了较多的违约债券作为样本，构建模型时选取了各个企业的部分财务数据和非财务因素，进入模型的只有所有者权益、资产负债率两个财务指标，表明所有者权益、资产负债率影响着企业债券的信用风险。

5.3 基于信用交易的中小企业信用现状

5.3.1 中小企业信用交易市场违约规模较大

2013 年和 2014 年上半年，我国中小企业信用交易市场的利率很高，但整体债务规模比较小。2015~2016 年我国资金整体趋于宽松，利率降低，并且债券审核流程简化，市场疯狂发债。我国债券规模自 2014 年快速上涨，2014~2016 年，全部债券的年化增长率达 58.97%，而公司债更是达到了 153.9%，规模激增。企业的负债易升不易降，到了 2017 年企业要还钱，只能借新还旧，债券规模依旧增长。但是受到宏观调控影响，债券规模自 2017 年增速放缓，导致 2018 年债券违约数量和金额猛增，违约规模增长了十几倍。债券违约形态呈现出"由点到面"的扩散趋势。2014～2021 年中小企业信用交易市场新增违约情况如图 5-1 所示。

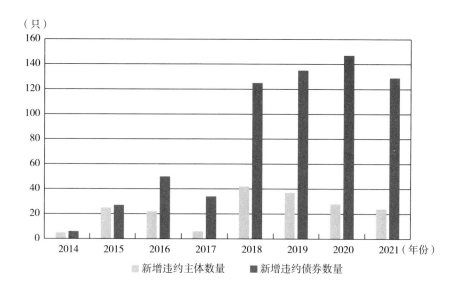

图 5-1　2014～2021 年中小企业信用交易市场新增违约情况

再看近几年的债券违约情况，新增违约主体与违约数量仍居高位。但与疫情前有所不同的是，2020 年新冠肺炎疫情暴发以来，违约情况中民企所占比例有所降低，但是国企违约规模大幅上升。地方国企发生债券违约，既有疫情暴发、市场动荡等外部因素，也有企业自身管理问题和盲目扩大规模等内部因素。总的来说，疫情下债券违约总金额是非常高的。并且目前处于债权的集中偿还期，还会出现企业借新还旧的现象，所以我国中小企业信用交易市场仍然存在很高的信用风险。

5.3.2　债券违约主体所处行业较为分散

2014 年至今，我国债券违约主要集中在中央国有企业、地方国有企业和民营企业。总体来看，国有企业因为有政府做"隐性担保"，故信用风险较低，疫情前债券违约事件主要集中于民营企业。2021 年，由于全球新冠肺炎疫情影响，航海系企业受影响非常明显，其中违约的海系企业均为国有企业，所以 2021 年国有企业债券违约情况更加明显。2014~2021 年，新增违约主体性质包括地方国有企业、民营企业、外商独资企业和中外合资企业，具体情况及其数量如图 5-2 所示。

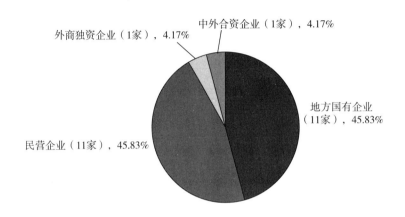

图 5-2　2014~2021 年新增违约主体企业性质情况

　　2014~2021 年，我国中小企业信用交易市场的违约主体没有明显的行业规律，申万一级行业中违约的行业概率较高，违约主体涉及的行业较广。新冠肺炎疫情影响下，2021 年 16 家新增违约企业，所处行业整体分散，交通运输行业及房地产行业违约较多。16 家新增违约企业中，有 5 家属于交通运输行业，4 家属于房地产行业，通信、医药生物、传媒、建筑装饰、化工、非银金融和机械设备各占 1 家。其中，5 家交通运输行业全部属于海航系国企，主要原因是海航系企业本身就存在较大的流动性风险。受到近几年新冠肺炎疫情的影响，以及海外疫情的持续蔓延，海航集团现金流创造能力不断减弱。另外，受"恒大事件"影响，再叠加房地产"三条红线"持续发力，稳地价、降杠杆相关政策不断出台，房地产行业融资成本升高，流动资金持续紧张，债务压力升高，导致多家房地产企业出现实质性的债券违约。可见，债券违约主体行业并无规律，可能与当年实际情况及相关政策有关。2014~2021 年新增违约主体所属行业情况如图 5-3 所示。

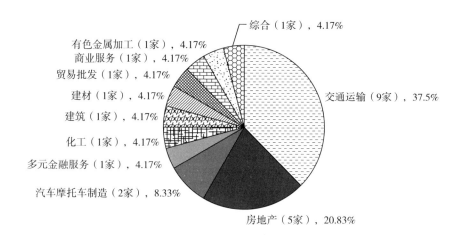

图 5-3　2014~2021 年新增违约主体所属行业情况

5.3.3　违约债券在发行时的信用评级情况

用 Wind 数据随机统计了 538 只违约债券在发行时的信用评级情况，其中 178 只债券在发行时并未找相关机构进行评级。这不仅表明发行主体有逃避债券信用评级的心理，还表明我国关于债券信用评级的政策及现状有待完善。另外，有 310 只债券在发行时的信用评级都是 A+，即债券基本无风险，但最终这些债券都发生了实质性的违约。在债券信用评级预警不足的现状下，评级机构总是在发行主体出现负面事件之后，或者是已经发生违约之后，才大幅度下调发行主体评级以及债券评级。并且，初次出现违约的债券发行主体中，在违约之前进行负面调整，即实行设为观察名单、展望负面以及评级下调等操作的仍占少数部分。目前，我国债券评级整体现状有缺乏风险提示、预警功能不足以及评级机构的跟踪评级滞后等问题，故我国债券评级的准确性还有待提高。

5.4 基于信用交易的中小企业信用测度分析

5.4.1 理论基础

在回归分析中，如果要研究的变量是定量变量，可以采用多元线性回归进行分析；如果因变量是定类变量，应该使用 logistic 回归分析。一般来说，logistic 回归有二元回归、多元回归和有序回归三种。最常见的是运用二元 logistic 回归，预测企业是否会发生违约风险，进而进行信用测度。本书通过收集相关数据研究发债主体的违约情况，用 P 来表示因变量违约程度，将违约编码为 1，未违约编码为 0，具体模型如下：

$$P = \frac{e^{(\beta_0+\beta_1 X_1+\beta_2 X_2+\cdots+\beta_m X_m)}}{1+e^{(\beta_0+\beta_1 X_1+\beta_2 X_2+\cdots+\beta_m X_m)}} \tag{5-1}$$

对 P 取对数，可将该模型线性化，具体线性模型如下所示：

$$\log_{it}(P) = \ln \frac{P}{1-P} = \beta_0+\beta_1 X_1+\beta_2 X_2+\cdots+\beta_m X_m \tag{5-2}$$

其中，X_i 代表自变量，β_i 代表回归分析的系数，P 代表发生违约风险的概率，数值大小在 0~1 间，分界点为 0.5。

5.4.2 指标选取和数据来源

本书对相关文献进行梳理后，进行模型的构建时，选取了发债主体的相关财务指标作为变量。本书分为五个维度选取指标，即偿债能力指标、营运能力指标、盈利能力指标、发展能力指标和基本情况指标。偿债能力指标包括资产负债率、现金流量利息保障倍数和流动比率。营运能力指标包括存货周转率、应收账款周转率和流动资产周转率。盈利能力指标里面有销售净利率、总资产报酬率（ROA）和净资产收益率（ROE）（平均）。发展能力指标包括总资产（同比增长率）、营业收入（同比增长率）和利润总额（同比增长率）。基本情况指标选取的是资产总计。这些指标不仅可以较为完整地反映发债企业的经营发展状况，而且可以比较灵敏地表现出企业信用风险的变化。具体变量如表5-1所示。

表5-1 基于信用交易的中小企业信用测度指标变量表

指标反映情况	具体指标	符号
偿债能力	资产负债率	X_1
	现金流量利息保障倍数	X_2
	流动比率	X_3
营运能力	存货周转率	X_4
	应收账款周转率	X_5
	流动资产周转率	X_6
盈利能力	销售净利率	X_7
	总资产报酬率（ROA）	X_8
	净资产收益率（ROE）（平均）	X_9
发展能力	总资产（同比增长率）	X_{10}
	营业收入（同比增长率）	X_{11}
	利润总额（同比增长率）	X_{12}
基本情况指标	资产总计	X_{13}

在数据的时间维度上，笔者选取了中小企业信用交易市场发生违约较多的时间段。由于2020年以后，受疫情干扰得到的结果可能不准确，所以综合考虑后选择了2017～2019年的数据。研究样本选取在此期间发生债券信用违约的上市企业，最终筛选到发生违约的、财务数据在2017～2019年完整的29家上市公司。并且，按照1∶5的比例选取了在资产规模、所在行业、发债数量等方面与29家违约主体相似的145家未违约上市公司作为对照组研究样本。所有上市公司的财务数据均来自Wind数据库。

5.4.3 模型的构建与检验

本书使用13个指标作为自变量，利用SPSS软件因变量即企业是否存在债券违约。在本节中将从两个部分展开：模型的拟合优度检验、回归系数检验，用来最终确定模型。内戈尔科 R^2 是考克斯-斯奈尔 R^2 和-2 对数似然的进一步调整结果，其更直观和准确，内戈尔科 R^2 的取值区间为（0，1），越接近 1 拟合优度越高。

从表 5-2 可以看出，内戈尔科 R^2 的值为 0.907，大于 0.5，说明模型拟合效果比较好。

表 5-2　模型对数似然调整

步骤	-2 对数似然	考克斯-斯奈尔 R^2	内戈尔科 R^2
1	270.912[a]	0.318	0.535
2	150.953[b]	0.458	0.771
3	114.812[c]	0.494	0.832
4	105.395[c]	8.503	0.847
5	98.737[c]	0.509	0.858
6	65.211[d]	0.540	0.909
7	66.635[e]	0.539	0.907

注：a 表示由于参数估算值的变化不足 0.001，因此估算在第 2 次迭代时终止；b 表示由于参数估算值的变化不足 0.001，因此估算在第 3 次迭代时终止；c 表示由于参数估算值的变化不足 0.001，因此估算在第 4 次迭代时终止；d 表示由于参数估算值的变化不足 0.001，因此估算在第 5 次迭代时终止；e 表示由于参数估算值的变化不足 0.001，因此估算在第 6 次迭代时终止。

根据霍斯默-莱梅肖检验得到的卡方值为 4.650，对应的 p 值为 0.794，大于 5% 显著水平，表明分组检测的拟合值与观测值之间不存在显著差异，说明模型结果较准确地贴合样本数据（见表 5-3）。

表 5-3　霍斯默-莱梅肖检验

步骤	卡方	自由度	显著性
1	27.636	8	0.001
2	11.392	8	0.180
3	3.964	8	0.860
4	6.005	8	0.647
5	2.002	8	0.981
6	2.136	8	0.977
7	4.650	8	0.794

通过采用向前 LR 法进行回归，自动剔除不显著变量，具体结果如表 5-4 所示。

表 5-4 向前 LR 回归分析

	β	标准误差	瓦尔德	自由度	显著性	Exp（B）	EXP（B）的95%置信区间	
							下限	上限
X_1	0.123	0.029	18.435	1	0	1.131	1.069	1.196
X_7	−0.202	0.047	18.354	1	0	0.817	0.745	0.896
X_8	0.536	0.12	19.929	1	0	1.709	1.351	2.163
X_{10}	−0.149	0.039	14.431	1	0	0.861	0.798	0.93
X_{11}	−0.143	0.028	25.864	1	0	0.867	0.82	0.916
常量	−14.469	2.611	30.705	1	0	0		

从表 5-4 可以看到，最后只有一个常量和 5 个变量，变量包括总资产报酬率（X_8）、总资产增长率（X_{10}）、营业收入增长率（X_{11}）、销售净利率（X_7）和资产负债率（X_1），且 p<0.05，变量与结果显著相关。因此，我们可以根据表 5-4 中的回归系数得出二元 logistic 回归方程的表达式，具体结果如下：

$$Y = LN(P/(1-P)) = 0.123X_1 - 0.202X_7 + 0.536X_8 - 0.149X_{10} -$$
$$0.143X_{11} - 14.469 \tag{5-3}$$

根据式（5-3）可知，资产负债率（X_1）、销售净利率（X_7）、总资产报酬率（X_8）、总资产增长率（X_{10}）和营业收入增长率（X_{11}）的回归系数分别为 0.123、−0.202、0.536、−0.149 和−0.143。具体来看，资产负债率（X_1）、总资产报酬率（X_8）的回归系数为正，说明会对违约概率产生正向影响，资产负债率（X_1）、总资产报酬率（X_8）的值越大违约的可能性就越大。销售净利率（X_7）、总资产增长率（X_{10}）和营业收入增长率（X_{11}）的回归系数为负，说明会对违约概率产生负向影响，即销售净利率（X_7）、总资产增长率（X_{10}）和营业收入增长率（X_{11}）的值越大，违约的可能性就越小。

当判别违约的分界点设为 0.5 时，logistic 模型预测的结果如表 5-5 所示。

表5-5　logistic 模型预测结果分析表

分类表[a]

实测			预测		
			违约		正确百分比
			0	1	（%）
步骤1	违约	0	423	12	97.2
		1	33	54	62.1
	总体百分比（%）		91.4		
步骤2	违约	0	426	9	97.9
		1	15	72	82.8
	总体百分比（%）		95.4		
步骤3	违约	0	426	9	97.9
		1	18	69	79.3
	总体百分比（%）		94.8		
步骤4	违约	0	429	6	98.6
		1	12	75	86.2
	总体百分比（%）		96.6		
步骤5	违约	0	426	9	97.9
		1	15	72	82.8
	总体百分比（%）		95.4		
步骤6	违约	0	426	9	97.9
		1	6	81	93.1
	总体百分比（%）		97.1		
步骤7	违约	0	426	9	97.9
		1	6	81	93.1
	总体百分比（%）		97.1		

注：a 表示分界值为0.5。

由表5-5可知，对发行债券的上市公司样本整体预测的结果较好，正确判别了174家发债主体的违约情况，准确率达到了97.1%，判断非违约企业的正确率达到了97.9%，基本无误。对违约企业的判别为93.1%的正确率。由此可见，模型对于违约企业的判别效果较好。

5.5 基于信用交易的中小企业信用测度实例检验

5.5.1 案例概述

1992 年，永泰能源股份有限公司（简称"永泰能源"）成立。1998 年，永泰能源在上海证券交易所上市，主要从事的能源产业有煤炭、电力、石化等。作为一家民营企业，永泰能源最初是一个润滑油调配厂，通过紧跟宏观经济和金融政策脚步，持续调整业务范围和业务规模，如今永泰能源开发了成品油销售、房地产开发等业务。2006 年，永泰能源开始大力发展煤炭业务，成功进行第一次转型升级。2013 年，因为宏观经济压力较大，永泰能源股份有限公司积极调整公司产业布局，进行了第二次转型升级，拓宽了电力热力行业的发展。2015 年，永泰能源进行了第三次转型升级，业务行业范围扩大到了金融、医疗、物流、投资管理、文化旅游等。

永泰能源作为 A 股上市公司，有很好的融资平台，可以利用中小企业信用交易市场的融资功能进行直接融资。永泰能源持续关心资本市场动态，积极开发新的融资工具，丰富融资渠道。自 2011 年起，永泰能源就发行了债券。到 2018 年 6 月底，即第一次违约前，永泰能源共发行了 45 只债券，累计发行金额达到了 500.6 亿元。

从上述介绍中可以看出永泰能源进行了多次转型升级。2014 年，在进行第二次转型升级时，业务范围的拓展和各产业规模的扩大，使永泰能源消耗了大量资金。2014～2018 年，永泰能源的应付债券和一年内到期的应付债券余额，总体上都趋于上升状态，企业应付债券总金额一直有明显的上升（见表 5-6）。2018 年 5 月，永泰能源债券出现大幅波动，经常出现机构抛售。"13永泰债"波动很明显，日跌幅达到了 2.24%，随后，跌幅持续增大，累积跌幅总计为 26.12%。另外，企业的"16 永泰 01""16 永泰 02"也发生异常，面临着停盘。综合考虑，2018 年公司长期债券发行量稍微下降。此时永泰能源出现了违约的先兆。

表 5-6　永泰能源债券发行情况　　　　　　　　　单位：亿元

日期	2014 年 12 月 31 日	2015 年 12 月 31 日	2016 年 12 月 31 日	2017 年 12 月 31 日	2018 年 6 月 30 日
一年内到期的应付债券	37.77	70.14	125.58	121.59	135.65
应付债券	129.45	141.69	132.30	157.96	143.10
合计	167.32	211.83	257.88	279.55	278.75

资料来源：笔者根据企业年报整理得出。

2017 年，永泰能源股份有限公司在中小企业信用交易市场发行了融资规模为 15 亿元的"17 永泰能源 CP004"，债券期限为一年。此债券的发行主要是为了募集还债资金和弥补流动性不足。"17 永泰能源 CP004"特殊的一点是有交叉违约条款。交叉违约条款是指，当发行主体其中一只债券发生实质性违约时，其他未到期的债券可以提前还本付息的时间。交叉违约条款保护了债权人的权益，并且对债券发行主体的财务管理能力有很大的督促作用。

2018 年 7 月 3 日，永泰能源准备发行一年期的短期融资债券"18 永泰能源 CP004"，目的是为了偿还到期的债券。但该债券并未成功发行。到 2018 年 7 月 5 日结束，上海清算所也没有收到永泰能源所需支付的账款，永泰能源债券"17 永泰能源 CP004"发生实质性违约。该债券的违约，导致永泰能源已发行的 13 只、总额约为 99 亿元的债券发生交叉违约（见表 5-7）。

表 5-7　永泰能源交叉违约债券

债券名称	发行总额 （亿元）	票面利率 （%）	发行时债 项评级	发行时 主体评级	原兑付日
17 永泰能源 CP005	10.0	7.0	A-	AA+	2018 年 8 月 25 日
18 永泰能源 CP002	10.0	7.0	A-	AA+	2019 年 3 月 19 日
17 永泰能源 CP006	8.0	6.8	A-	AA+	2018 年 10 月 23 日
18 永泰能源 CP003	10.0	7.0	A-	AA+	2019 年 4 月 26 日
17 永泰能 PPN002	1.8	7.7	—	AA+	2020 年 11 月 25 日

续表

债券名称	发行总额（亿元）	票面利率（%）	发行时债项评级	发行时主体评级	原兑付日
17 永泰能 PPN003	10.0	7.9	—	AA+	2020 年 12 月 22 日
17 永泰能 MTN001	10.0	7.5	AA+	AA+	2020 年 11 月 16 日
17 永泰能源 CP007	10.0	7.0	A−	AA+	2018 年 12 月 15 日
18 永泰能 MTN001	5.0	7.5	AA+	AA+	2021 年 4 月 4 日
17 永泰能 PPN001	3.5	7.7	—	AA+	2020 年 8 月 18 日
18 永泰能 PPN001	1.0	7.9	—	AA+	2021 年 3 月 29 日
17 永泰能 MTN002	10.0	7.5	AA+	AA+	2020 年 12 月 6 日
18 永泰能源 CP001	10.0	7.0	A−	AA+	2019 年 1 月 22 日

资料来源：笔者根据企业年报整理得出。

这一现象在资本市场上也引发了巨大的轰动。永泰能源方表示，由于公司前期没有做好规划，投资的项目过多、发展速度过快，造成规模巨大的负债，导致公司资产负债率处于较高水平，使得公司的流动性风险和融资压力加大。永泰能源经过这次大规模实质性违约，面临着巨大的债务危机。2018 年 7 月 5 日，联合信用基于永泰能源自身财务数据、经营情况等因素，将永泰能源评级展望调整为负面，主体长期信用等级下调到了 A，并将之前发行的"13 永泰债""16 永泰 01、16 永泰 02、16 永泰 03""17 永泰 01"公司债券评级下调至 A。紧接着，永泰能源在 2018 年 7 月 5 日首次发生实质性违约并触发交叉违约条款之后，2018 年 7 月 6 日，联合信用再次下调了永泰能源主体长期信用和各期债券信用的评级。永泰能源主体长期信用和各期债券信用被联合信用下调。企业主体长期信用等级下调至 CC，评级展望为负面，之前发行的"13 永泰债""16 永泰 01、16 永泰 02、16 永泰 03""17 永泰 01"公司债券评级下调至 CC。"15 永泰能源 MTN001"应于 2018 年 10 月 22 日付息并对回售本金进行兑付，截至兑付日终，发行人并未履行承诺，构成了实质违约。2018年 10 月 25 日，联合信用将企业主体信用评级由 CC 下调至 C，并且将永泰能源多只债券评级由 CC 下调至 C。

5.5.2 中小企业信用测度模型结果应用

将永泰能源的财务数据代入式（5-3）中，验证永泰能源是否发生违约。

$Y = LN（P/（1-P））= 0.123X_1 - 0.202X_7 + 0.536X_8 - 0.149X_{10} - 0.143X_{11} - 14.469$

将数据进行整理后，得到的结果如表5-8所示。

表5-8 永泰能源相关数据

年份	X_1	X_7	X_8	X_{10}	X_{11}	P
2017	75.66	5.87	12.22	-1.98	0.24	0.46
2018	83.29	0.61	9.19	-0.60	-0.27	0.71
2019	74.81	0.80	10.98	-0.04	-2.11	0.77

根据 logistic 模型计算得到的永泰能源 2017~2019 年的违约概率，分别为 0.46、0.71 和 0.77，说明永泰能源的违约概率在不断增加，按照前文标准，超过 0.5 可以判断为违约，那么预测结果为永泰能源 2018 年和 2019 年将会发生违约，结合永泰能源的真实情况可知，永泰能源 2017 年并没有发生违约，而在 2018 年和 2019 年连续两年发生违约，可以说明预测结果与永泰能源的经营状况基本一致。

6

中小企业信用测度研究

——区域发展视角

6.1 研究准备

信用是企业和个人发展的重要基石，信用将在全球企业和个人相关的诚信行为中发挥着重要影响，所以我们国家注重社会信用体系的建设，以促进经济社会的发展。中国的经济不仅要转变成高质量发展，社会信用体系的建设也要朝着高质量发展转变，建设现代化经济体系是我国现阶段的迫切要求和战略目标，同时信用的建设也不能忽略。一个企业的风险管理水平对自身和社会的发展具有较大影响，因而对信用风险进行数据化分析是企业进行风险管理的重要途径。河南省地理位置优越，省会郑州是重要的交通枢纽。河南省位于中国东部沿海发达地区和西部内陆欠发达地区之间，承东启西、连南接北，对中国整体发展具有全局意义。河南省不但能够利用国家东部较发达地区的资源促进自身建设与发展，同时也能够响应国家西部大开发政策，向东部地区输送原材料等，以促进国家西部欠发达地区的经济发展。国家正在发展实施的"一带一路"倡议使得河南省的经济得到了发展，作为核心的郑州将建成内陆开放型经济高地，因此政府鼓励资质好、信用等级高的企业积极参与各类合作，在这种形势下，必然要对河南中小企业的信用风险进行测度。

信用风险是市场上每个参与者都需要面临的主要风险之一，中小企业同样要对自身的信用风险重点关注。信用测度既是中小企业进行信用风险研究量化的必要过程，也是信用风险管理目标的核心。KMV 模型是当今最受欢迎的信用风险衡量模式之一。尽管信贷中介系统的建立较晚和迟缓，但国家很重视信贷在当前企业中的关键角色，这是我国经济社会正在由高速度发展向高品质发展过渡的现象，具有现实意义。信用风险的研究和测度有助于中小企业在诚信建设和经营方面向高效转化，形成良好的诚信保证。中小企业属于质量较高的企业，因此证券市场的投资者尤为重视中小企业的财务信息披露的及时性。中小企业是国家发展社会主义信用市场经济的重要主体之一，而河南省既是国家中部地区较重要的交通枢纽，又是出入中国西北六省区的必经之地。这种独特的地位，使河南省的发展成为大众关注的重心。因此，研究 KMV 模型对河南中小企业的识别性具有重要意义。探究河南省中小企业的信用研究方法，进而对河南中小企业的信贷风险进行测度，对河南省企业进行衡量与分类有很强的现实意义。

6.2　相关研究基础

KMV 模型是由中小企业的股权价值和股权价值波动性、债务偿还期限、无风险借贷利率（一般取商业银行一年期定期存款利率），以及中小企业的负债数额计算出资产市场价值及资产市场价值波动性的一类信用测度模型。其计算公式如下：

$$E = V_\alpha N(d_1) - De^{-rT} N(d_2) \tag{6-1}$$

$$d_1 = \frac{\ln\left(\frac{V_\alpha}{D}\right) + (r + 0.5\sigma_\alpha^2)T}{\sigma_\alpha \sqrt{T}}$$

$$d_2 = d_1 + \sigma_\alpha \sqrt{T}$$

$$\sigma_E = \frac{N(d_1) V_\alpha \sigma_\alpha}{E}$$

式（6-1）中，E 代表中小企业的股权价值；D 代表负债；V_α 代表中小企业的资产市场价值；T 代表债务期限（一般取 1 年）；σ_α 代表企业资产价值的波动率；r 代表无风险借贷利率；σ_E 代表企业股权价值的波动率。股权价值 E 可以根据中小企业的总股本和每股市价来计算。基于中小企业股价满足对数正态分布的假定，如果股价在第 i 个月末的平均价格为 S_i，第 i-1 个月末的平均价格为 S_{i-1}，将某证券的对数月收益定义为：$\mu_i = \ln(S_i / S_{i-1})$，股票对数收益率的月波动率计算公式为：

$$\sigma_E = \sqrt{\frac{1}{n-1} \sum_{i=1}^{n} (\mu_i + \overline{\mu})} \qquad (6-2)$$

$$\overline{\mu} = \frac{1}{n} \sum_{n=1}^{n} \mu_i$$

首先，在得出了股价对数收益率的月波动率后，就可以根据年波动率与月波动率之间的关系计算出年波动率，计算公式为：$\sigma_T^2 = T\sigma_E^2$。其次，根据中小企业的负债价值计算预期违约点，利用 Matlab 软件进行迭代计算 KMV 方程，得出中小企业的违约距离 DD。$E(V_\alpha)$ 表示中小企业资产价值的期望值；DP 表示预期违约点（DP = SP + 0.5LD），LD 表示企业的长期负债（非流动负债）价值，SD 表示企业的短期负债（流动负债）价值。最后，可以通过中小企业的实际违约距离和预计违约率（EDF）间的理论相对关系或经验函数相对关系，求出中小企业的预计违约比率。EDF = N(-DD)，其中 N(·) 表示标准正态分布函数。

$$DD = \frac{E(V_\alpha) - DP}{E(V_\alpha)^* \sigma_\alpha} \qquad (6-3)$$

西方国家对信用风险的管理和研究比较深入，在信用评估方法和风险把控方面也比国内完善。在研究对企业信用测度的方法上，目前国际上有许多可行性且具有代表性的方法，这些方法运用了资本组合管理理论、资本资产价格理论和对现代企业信用风险管理有着意义的期权定价理论等。田卫国（2015）提到的商业银行信用测度模型一般是以：Z-score 模型、Merton 模型、Credit Metrics 模型、KMV 模型、麦肯锡中小企业模型、Credit risk+模型、CSFP 等信用风险附加模型为典型代表的各种定性测度方式和以专业分析法、贷款评级法为代表的定性分析。在这几种信用测度的方法中，Credit Metrics 模型和 Credit Portfolio View 模型对信用评级体系依赖性较强，Credit Metrics 模型需要企业长期的历史违约数据，Credit risk+模型需要估计每笔贷款的违约概率和风险暴露两个变量，Credit Portfolio View 模型需要有关资信的历史数据和跨行业的宏观数据，而我国数据库的不完善影响了这三个模型的实际应用。因此，我国现有的数据已经可以满足 KMV 模型对数据的要求。

KMV 模型所需的股权市场价值、短期负债、长期负债等相关数据容易在资产负债表中获取，同时，KMV 模型的计算公式，以及基于此得出的风险测度结果与企业真实的信用风险变化实际更接近。焦子豪和王安琪（2015）利用前面提到的方法分别对电力中小企业和一些实干类型农业、制造业的中小企业进行实证数据分析，由此得到的结论与电力中小企业的信用评级进行对比，从而验证了 KMV 模型在不同信用等级企业之间存在着一定的鉴别能力。国内专家在深入研究中小企业的商业银行信用风险的同时，还从各个中小企业财务报表的中长期债务和企业债务、股权变动来研究商业银行信用风险。实质上，信贷风险是企业对欠债没有及时归还，导致债务人的权益受到损失。股票市场上的信用风险主要是违规风险。可以说，股票信用风险既是如今中小企业及资本市场上的最大风险，也是参与证券市场的投资者最关注的中小企业信用风险。

近年来，在各个省份企业的信用风险调查中发现，企业财务信息的披露对企业的信用风险有着重要影响，贾婷婷（2011）讲述中小企业违约担保频发的主要原因之一是中小企业未尽职履行披露义务。这需要证监会与银监会共同协作来改善中小企业对外披露担保信息不足的现状。张瑞华（2022）以互联网行业中小企业为研究对象，借助因子分析，利用其四个维度下 18 个二级财务指标构建出互联网行业中小企业信用风险评价模型，为互联网行业信用风险评价和防范提供参考。李成刚等（2021）从多个文本测度计算文本相似度、文本情感值、文本可读性三个维度披露指标，采用支持向量机和神经网络模型等方法构建中小企业信用风险预警模型，实证检验加入文本信息披露指标后信用风险预警模型的预测能力。葛腾飞等（2020）以人工智能中小企业为研究对象，运用 KMV 模型进行计量分析，算出该类型企业的违约距离，根据公式计算得出预期违约概率，并根据这个数据评判中小企业信用风险状况。同时，有学者以一些科创板中小企业为样本，通过对这两个类型中小企业对比分析人工智能行业信用风险现状和存在问题。邓伟（2020）选取了 30 家制造业类型企业作为论文样本，将 ST 企业和非 ST 企业作为两个独立样本数据对其进行 KMV 模型实证分析，由模型计算出的违约距离显示了该模型能够很好地测度 ST 企业和非 ST 企业的信用风险水平，同时两个独立样本的违约距离和预期违约概率差异较为显著，符合现实情况。王向荣和周静宜（2018）选取 4 家保险中小企业的财务数据，对这 4 家企业分别用 Z 模型和 KMV 模型两个测度方法对比分析信用测度的适用性，并进行了实证分析，结果发现 Z 模型与 KMV 模型都能在一定程度上识别风险，但在对保险中小企业信用风险的识别能力上，KMV 模型比 Z 值模型更加适合我国上市保险中小企业的信用测度。卢华阳（2018）运用 KMV 模型和 logistic 模型，分别从股票市场与中小企业财务状况两个方向对青海省中小企业进行信用风险识别与分析，并对得出的这两个结果进行相关性分析。

KMV 模型计算得到的违约距离结果是衡量中小企业信用风险的主要指标，根据计算公式最终求出违约距离，违约距离越大表示该中小企业信用状况越好。因此，可以根据违约距离来判断中小企业的信用风险状况。在研究 KMV 模型对我国中小企业的适用性方面，孔玉生和张文君（2014）选择的中小企业是创业板高新技术类型行业，所以为了更灵敏地评估该类企业的信用风险，在违约点的选取上将原始 KMV 模型的系数进行改变。杨秀云等（2016）选取了 2013 年的 90 家和 2014 年的 40 家中小企业作为样本，并对得出的违约距离结果进行实证研究，结果表明 KMV 模型能够识别中小企业的信用状况，并且农林牧渔业、建筑材料业和旅游业的整体信用风险较大。王科文等（2016）

针对我国中小企业的实际情况，利用修正后的 KMV 模型测度我国中小企业的信用风险，经过实证分析发现 KMV 模型能有效识别测度我国中小企业的信用风险。彭美红（2020）同样调整了 KMV 模型参数，并用调整后的 KMV 模型对国内上市中小企业的信贷风险进行测度，结果显示，调整后的 KMV 模型对中小企业的信贷风险有效识别。实证研究显示，KMV 模型不但能识别中小企业总体上的资信情况变化趋势，而且有较强的信用风险判别能力，并且流动负债等于违约点时，KMV 模型对信用风险识别能力最强。曲雪岩和蒋雪梅（2022）以 5 家上市保险中小企业为主要研究对象，利用 KMV 模型对保险中小企业的信用风险水平做出了评价，并对测算出来的各家企业的实际违约距离与预期违约率做出了比较，最后做出分析总结并为我国保险业建设科学有效的风险管理体系提出政策建议。

6.3 基于区域发展的中小企业信用现状

6.3.1 信用违约情况

经过数据观察，我国信用风险负债偿付能力有所缓解。2021 年，我国企业负债违约情况相比于 2020 年有所好转。2021 年，我国债券市场具体统计有 37 家企业发生违约情况且违约规模较大。具体数据整理如表 6-1、表 6-2 所示。

表 6-1　2019~2021 年境内债券市场违约情况

年份	违约主体数量（家）	违约证券规模（亿元）	新增违约主体数量（家）	新增违约主体的违约债券规模（亿元）
2021	37	1076	17	589
2020	34	1179	26	704
2019	53	1110	34	893

资料来源：Wind 数据库。

表 6-2　2021 年各季度境内债券市场违约情况

时间	违约主体数量（家）	违约证券规模（亿元）	新增违约主体数量（家）	新增违约主体的违约债券规模（亿元）
第一季度	19	605	8	378
第二季度	12	142	4	53
第三季度	11	272	3	150
第四季度	9	57	2	8

资料来源：Wind 数据库。

　　根据表 6-1 和表 6-2 结果发现，一些中小企业受到新冠肺炎疫情的影响处于违约风险中，且在 2022 年仍受其影响，再加上中国经济发展面临需求收缩、供给冲突、预期疲软三方压力，不利于企业盈利增长和信用基本修复。

6.3.2　河南地区中小企业信用风险现状

　　分析河南地区中小企业的信用风险现状，发现信息不对称和风险不确定等因素都会影响企业的发展。河南省有着地理上的优势，是全国重要的交通枢纽和物资聚集地，人口资源丰富，但是人均收入偏低。2019~2020 年，河南省经济总量居全国排名较前。2021 年，河南省遭受了新冠肺炎疫情和洪涝灾害的影响，经济指标发生许多变化。

　　2019~2020 年，河南省的一般公共预算总收入有所增长，但是增加的速度缓慢，到 2020 年河南省的一般公共预算总收入指标已处于国内各地的中上游水准，可持续性也很强，政府性基金收入和上级补助收入已成为河南综合财政的主要支柱。河南省的债务水平相对较低，债务压力尚可（见图 6-1 至图 6-4）。

（亿元）

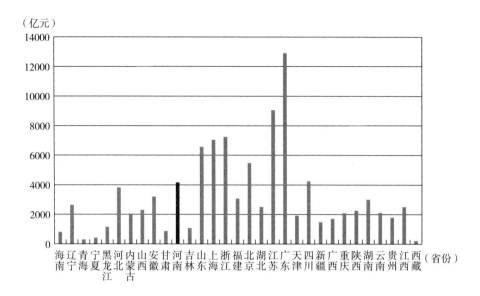

图 6-1　2020 年河南和其他各省份一般公共预算收入

资料来源：中国统计年鉴（2021 年）。

（%）

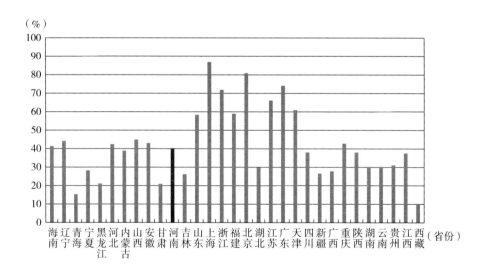

图 6-2　2020 年河南和其他各省份财务自给率

资料来源：中国统计年鉴（2021 年）。

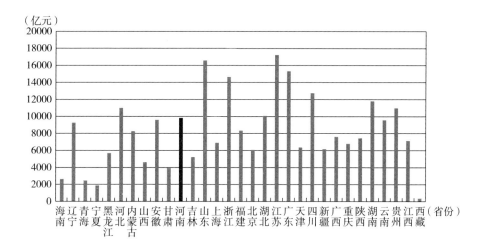

图 6-3 2020 年河南和其他各省份政府负债余额

资料来源：中国统计年鉴（2021 年）。

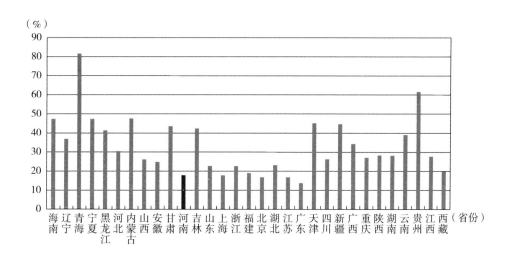

图 6-4 2020 年河南和其他各省份负债率

资料来源：中国统计年鉴（2021 年）。

从以上四个图中得知，河南省的一般公共预算收入与其他省份相比处于中上游位置，财务自给率处于一般水平，政府债务余额处于中游偏上位置，负债率在我国其他省份中并不算高。负债率越高，该省企业信用风险越大。根据中国统计年鉴和 Wind 统计数据显示，河南省企业长期负债和短期负债相比于其他省份明显要高，地方债务余额和地方政府余额都在增长，在所有省份中最高。这些数据在模型中有较大运用。经数据调查发现，河南省中小企业数量较少，截止到 2022 年 4 月 17 日，河南省辖区内 A 股中小企业共计 88 家。对河南中小企业的总体考察发现，A 股上市中小企业主要聚集于农林牧渔、有色金属控股、各类食品、石油化工和中医药产业。从各银行相关数据来看，河南省的贷款主要集中于本地。因此，实证分析的样本从这些主要行业中筛选出（见图 6-5）。

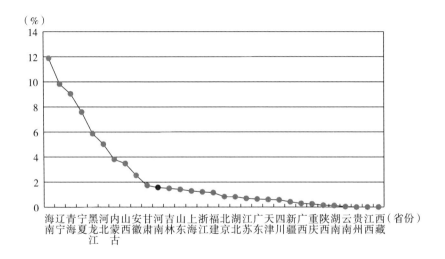

图 6-5 2020 年全国各省企业债券违约率

资料来源：Wind 数据库。

由图 6-5 可知，2020 年，河南省内企业违约率不高，处于中等水平。河南省内各地债务负担处于较轻水平。总的来说，我国信用风险债务市场的违约率仍有进一步增加的趋势。因此，对河南省上市中小企业的信用风险进行测度是具有研究意义的。运用 KMV 模型得出中小企业的违约距离和违约率，并依据这些数据决定河南省下一步经济发展方向和应该重点关注的企业的信用情况，减小信用风险对其他中小企业的影响。

分行政级别来看，省级平台信用利差走扩幅度较小且最先收窄，国家级平台和区县级平台信用利差走扩幅度较大且回复较慢。截至 2022 年，河南省整体经济财政实力处于上游，债务负担处于中游水平。2021 年，河南省 GDP 达 58887.41 亿元，同比增长 6.3%，进出口总值居中部第一、全国第十。这说明河南省对于省内企业的信用风险负债违约能及时做出反应。随着企业债权债务融资环境不断地修复，河南省城投债发行加速回暖。Wind 数据显示，2021年，河南省共发行城投债合计 1697.17 亿元，比 2020 年增加了 23.56%。2020年 12 月，河南省内永城煤电集团有限责任公司（简称"永煤集团"）因未能按期兑付到期应付利息，造成实质性的违约结果，引起了河南相当一部分企业的波动。永煤集团违约风险事件对河南省融资环境造成较大负面影响。中小企业的运营成本较高和疫情的影响，使许多中小企业整体债务压力变大，河南省内企业的信用风险更加严重。直到 2021 年 4 月，河南省城投债净融资额才由负转正（见图 6-6）。

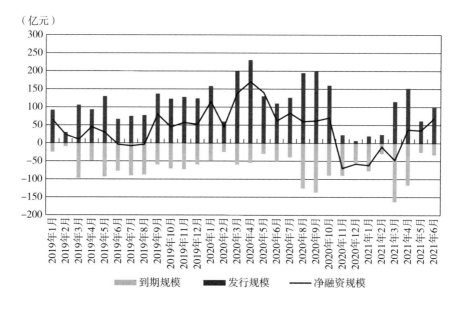

图 6-6　河南省 2019~2021 年 6 月的投债发行与到期情况

在整体融资能力提升的同时，2021 年，河南省城投主体也发生了变化，部分城市城投平台开启整合步伐，试图通过扩大规模增强实力。为了全面呈现河南城投中小企业现状和未来发展力，根据公开信用信息，本书选取了河南省内 200 多家具有代表性的城投中小企业。河南省贷款增速一直显著高于全国平均水平，但受新冠肺炎疫情和 2020 年末永煤集团事件影响，河南省的贷款增速已经明显低于全国的平均水平（见图 6-7）。贷款增速的快速回落导致河南省的 GDP 发生波动。

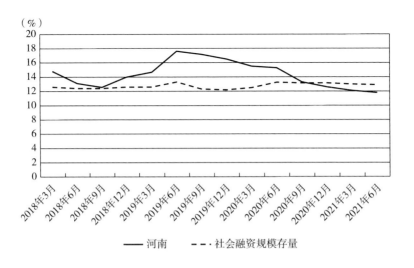

图 6-7　河南省 2018~2021 年贷款增速与全国平均水平对比

河南省经济总量和一般预算收入规模较大，整体负债率水平偏低，债务偿付压力一般，地方财政收入对存量债务的覆盖程度处于中等水平，对中央转移支付的依赖程度较高。2020 年末的永煤集团违约事件和 2021 年中河南广播电视网络股份有限公司发生债务违约对河南省信用市场造成巨大打击，受此连锁反应，河南的国有企业也被曝出问题。这说明通过模型得到的企业信用测度的违约距离能有效地观察企业的信用状况。为了河南的经济发展，需要河南省相关监管机构运用企业的财务等真实可靠的信息计算出企业违约距离，并根据违约距离对企业做出反应。只有针对企业的信用风险进行的测度化成为必然，才有利于企业的融资和发展。

河南省政府为了企业的信用测度出台了一系列政策方案。例如，2021 年 4

月，河南省成立了 300 亿信贷保证基金，为防范河南国企债务风险提供了强力保证；2022 年 2 月 25 日，河南省金融市场监管局打造了金融机构贷款风险分类管理系统，以助力实施"智慧监管"。为逐渐实现金融机构细致化和智能化金融服务管控，河南省金融市场监管局网信办、企业信贷监测管理处、金融市场信息中心共同打造了金融机构贷款风险分类管理系统，有效促进了金融机构贷款风险分级，着力构建以诚信为基石的新型金融市场监督管理体制。

6.4 基于区域发展的中小企业信用测度分析

6.4.1 样本的数据选取与整理

从河南省在沪、深股市上市的企业中挑选出主板、中小板和创业板共 44 家中小企业作为本书的样本。这 44 家企业来自各行各业，包括在煤炭开采、金属冶炼、材料行业、化学制剂等方面有代表性的河南企业。再从这 44 家中小企业中搜集 2019 年 3 月末至 2020 年 3 月末的股权价值数据。本章中所有数据均来自新浪财经网和 Wind 数据库，以及各中小企业 2020 年第一季度的资产负债表。整理后的数据如表 6-3 所示。

表 6-3　2019 年第二季度到 2020 第一季度的股权总价值及负债数据

单位：万元

中小企业名称	股权总价值	流动负债（SD）	长期负债（LD）	违约点（DP＝SD+0.5LD）
*ST 金刚	674603.22	276604.98	283566.02	418387.99
ST 大有	1875065.69	1107951.29	121340.70	1168621.64
ST 辅仁	1132837.47	465978.85	87764.68	509861.19
ST 林重	469515.53	304753.80	106092.99	357800.30
ST 中孚	2195487.29	1399745.81	549504.17	1674497.89

续表

中小企业名称	股权总价值	流动负债（SD）	长期负债（LD）	违约点（DP=SD+0.5LD）
*ST 华英	824669.70	486698.32	18877.67	496137.16
*ST 科迪	352474.40	181793.36	1911.31	182749.02
ST 森源	839439.78	343663.01	8712.11	348019.06
*ST 猛狮	751607.07	575661.50	201178.18	676250.59
一拖股份	1251720.87	622923.61	48267.63	647057.43
神马股份	1936606.76	871979.38	143552.86	943755.81
风神股份	750664.41	429834.75	91401.50	475535.50
郑州煤电	1407305.60	1090263.92	58955.79	1119741.81
宇通重工	223051.69	4208.78	2503.68	5460.63
思维列控	467157.20	42670.48	1245.09	43293.03
易成新能	922430.10	288848.05	56147.48	316921.79
安图生物	654443.49	133816.08	15659.09	141645.62
中原高速	4787325.00	1904245.27	1846727.54	2827609.04
安阳钢铁	4050600.00	2489373.19	351990.74	2665368.56
平高电气	2116554.22	1282351.03	4540.48	1284621.28
四方达	109859.73	18544.45	3778.00	20433.45
瑞贝卡	496494.46	151570.54	65391.53	184266.31
平煤股份	5385025.00	2388903.99	1422395.04	3100101.51
明泰铝业	1266786.75	226048.55	177229.51	314663.31
安彩高科	243326.31	46063.27	23090.25	57608.40
清水源	469582.83	205841.58	71089.31	241386.24
设研院	395430.43	126268.85	48202.88	150370.29
新开普	166144.70	37000.32	3538.66	38769.66
普莱柯	185133.24	198007.27	3047.99	21324.72
莲花健康	163113.59	116184.53	1976.06	117172.56
郑煤机	2913025.00	1128200.03	421482.82	1338941.45
宇通客车	3510800.00	1380159.68	237397.63	1498858.50

中小企业名称	股权总价值	流动负债（SD）	长期负债（LD）	违约点（DP＝SD+0.5LD）
新天科技	269969.4975	462125207.15	34477022.79	479363718.55
豫光金铅	1102774.09	697702.22	88785.04	742094.74
光力科技	87158.92	10679.96	1768.80	11564.36
新开源	413586.64	97376.93	16826.61	105790.24
羚锐制药	345245.44	114577.97	7938.48	118547.22
洛阳玻璃	517983.70	325694.26	73088.81	362238.67
汉威科技	501874.48	149312.60	175799.89	237212.54
濮阳惠成	93111.68	8292.31	2548.04	9566.33
黄河旋风	1124614.45	594836.13	117902.90	653787.59
太龙药业	269982.39	91309.53	55384.31	119001.69
隆华科技	460593.68	167244.96	10469.42	172479.67
洛阳钼业	11598400.00	4205973.12	3312584.80	5862265.52

6.4.2 样本的数据计算

在表6-3的基础上，在证券市场上搜集同一时期44家企业的股票价格变动数据信息，并依据第二章文献综述里所介绍的KMV模型的运算过程，得出中小企业的股票对数收益率、股票对数收益率的月波动率和年波动率，随后在计算软件里计算出中小企业的资产市场价值、资产市场价值波动率、负债距离，并根据负债违约距离的相关公式，结合理论办法或经验方法，计算出中小企业的预期违约概率。结果如表6-4所示。

表6-4 股权价值对数收益率年波动率及 Matlab 计算结果

中小企业名称	股票对数收益率的年波动率（%）	资产市场价值（万元）	资产市场价值波动率（%）	负债违约距离	违约概率（%）
*ST 金刚	0.555	1226073.91	0.307	1.771	3.821
ST 大有	0.366	3086054.69	0.223	2.703	0.343

续表

中小企业 名称	股票对数收益率的 年波动率（%）	资产市场 价值（万元）	资产市场价值 波动率（%）	负债违约 距离	违约概率 （%）
ST 辅仁	0.475	1678336.83	0.170	2.331	0.004
ST 林重	0.458	874210.45	0.246	2.152	1.569
ST 中孚	0.557	4114305.44	0.298	1.763	3.894
*ST 华英	0.425	1322712.61	0.265	2.326	0.999
*ST 科迪	0.530	533413.47	0.307	1.869	3.077
ST 森源	0.448	1186566.27	0.317	2.218	1.327
*ST 猛狮	0.623	1515205.21	0.312	1.561	5.916
一拖股份	0.517	1912831.83	0.339	1.917	2.759
神马股份	0.378	2937018.99	0.249	2.623	0.435
风神股份	0.349	1264140.22	0.208	2.830	0.232
郑州煤电	0.321	2539415.48	0.178	3.069	0.107
宇通重工	0.202	229664.23	0.197	4.933	4.036
思维列控	0.318	510418.97	0.291	3.140	0.084
易成新能	0.326	1262289.33	0.238	3.049	0.115
安图生物	0.317	801693.27	0.259	3.138	0.085
中原高速	0.248	8482453.11	0.140	3.98	0.003
安阳钢铁	0.197	6849661.54	0.117	5.012	2.680
平高电气	0.288	3384286.47	0.180	3.436	0.030
四方达	0.334	131849.85	0.278	2.984	0.142
瑞贝卡	0.450	710224.44	0.315	2.205	1.372
平煤股份	0.536	9138230.28	0.317	1.841	3.278
明泰铝业	0.501	1664054.40	0.382	1.984	2.362
安彩高科	0.673	311408.16	0.526	1.477	6.972
清水源	0.377	742390.45	0.239	2.627	0.431
设研院	0.381	567304.62	0.266	2.603	0.462
新开普	0.446	206080.13	0.360	2.233	1.277
普莱柯	0.492	207641.79	0.439	2.027	2.130
莲花健康	0.517	279485.74	0.302	1.910	2.801
郑煤机	0.339	4439636.00	0.223	2.921	0.174
宇通客车	0.369	5104274.69	0.254	2.687	0.360

中小企业名称	股票对数收益率的年波动率（%）	资产市场价值（万元）	资产市场价值波动率（%）	负债违约距离	违约概率（%）
新天科技	0.423	318890.37	0.358	2.356	0.922
豫光金铅	0.455	1877512.70	0.268	2.172	1.492
光力科技	0.566	99422.31	0.496	1.762	3.903
新开源	0.592	526076.55	0.466	1.681	4.630
羚锐制药	0.332	465937.88	0.246	2.994	0.138
洛阳玻璃	0.447	910810.68	0.255	2.208	1.361
汉威科技	0.584	821909.38	0.358	1.689	4.557
濮阳惠成	0.593	103790.60	0.533	1.681	4.637
黄河旋风	0.502	1826645.36	0.310	1.969	2.445
太龙药业	0.557	414444.14	0.364	1.776	3.786
隆华科技	0.437	635661.71	0.317	2.272	1.154
洛阳钼业	0.461	19004700.00	0.282	2.144	1.598

6.4.3 实证分析

在 KMV 模型中违约距离是测度信用风险的一个重要指标。该指标数值的大小可以反映中小企业信用风险的情况。违约距离值越大，说明中小企业到期能偿还债务的可能性越大，发生违约的可能越小，该中小企业信用风险越小。因此，以违约距离的数值作为识别中小企业信用风险大小的一个指标，为该模型在我国中小企业信用评价方面的应用作一些初步的探讨。

理论上，ST 公司的信用风险普遍高于普通中小企业。本书从河南省中小企业中抽选 9 个 ST 和 9 个非 ST 公司作为两个独立样本。为方便对比分析，本书针对正常企业的选择方向为：与其企业数量接近的中小企业，这样的选择有助于对统计结果进行分析和深入研究。为使选择的样本更为合理，在新样本的选取中剔除了部分财务不健全、主营业务范围不清楚、尚未股改的企业。将这18 家中小企业的违约距离进行整理，结果如表 6-5 所示。

表 6-5　违约距离

ST 公司	DD	非 ST 公司	DD
ST 林重	2.152	风神股份	2.83
ST 大有	2.703	平高电气	3.436
*ST 金刚	1.771	易成新能	3.049
ST 辅仁	2.331	安图生物	3.138
ST 中孚	1.763	思维列控	3.14
*ST 华英	2.326	风神股份	2.83
*ST 科迪	1.869	瑞贝卡	2.205
ST 森源	2.218	四方达	2.984
*ST 猛狮	1.561	明泰铝业	1.984

由图 6-8 可以很直观地看出正常中小企业和 ST 公司违约距离分布的差异，违约距离越大，发生违约的可能性就越小，正常中小企业大致分布在 ST 公司的上部。这两组只是根据企业本身资产价值和规模大小相似的样本，为了比较 ST 公司与正常财务数据的中小企业两组样本之间违约距离差异的显著性，采用了两个独立样本 T 检验和 K-S 检验。两个独立样本 T 检验是根据样本数据检验两个独立样本正态分布的均值是否有显著性差异；K-S 检验用来检验非参数检验下两个独立样本是否具有显著差异，检验结果如表 6-6 至表 6-8 所示。

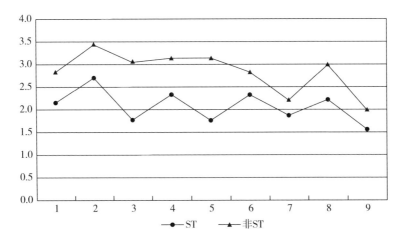

图 6-8　ST 和非 ST 公司违约距离的比较

表 6-6　ST 和非 ST 两组样本显著性检验

模型		莱文方差等同性检验		t	Sig.	回归系数的95%置信区间	
		F	显著性			下限	上限
违约距离	假定等方差	0.127	0.727	−3.903	0.001	−1.184	−0.350
	不假定等方差	—	—	−3.903	0.001	−1.186	−0.348

表 6-7　组统计

中小企业		个案数	平均值	标准差
违约距离	非 ST	9	2.078	0.361
	ST	9	2.845	0.466

表 6-8　K-S 检验

	原假设	检验	显著性	决策
1	违约距离的分布为正态分布，平均值为2.461，标准差为0.596	单样本柯尔莫戈洛夫-斯米诺夫检验	0.200[a,b]	保留原假设

注：显示了渐进显著性；显著性水平为 0.050。a 表示里利氏修正后；b 表示真显著性的下限。

　　两组样本违约距离的均值差为 0.975，这表明在这个整体中，非 ST 公司的未来资产市场价值到负债违约点的距离比 ST 公司的距离要远，也就是说，相比于 ST 公司而言，非 ST 公司的信用风险要小得多。同时，在上文中对 ST 公司和非 ST 公司两个独立样本进行显著检验，由表中数据得知当显著性水平 α=0.05 时，两个独立样本的违约距离通过了 T 检验，但未通过 K-S 检验，说明两组样本中违约距离的差异是有区别的，但是效果并不理想。

　　在我国，这种模式的应用还存在一些不足。由于 ST 公司与非 ST 公司之间在资本市场以及货币市场上所表现出来的资产价值并不符合对数正态分布，KMV 的应用也会受到一定程度的限制。最后，本书对上述问题提出了一些建议：第一，加强我国证券市场建设；第二，ST 公司应该及时披露其财务信息以增强投资者信心；第三，KMV 模型本身也需要进一步完善。这就需要中小企业运用 KMV 模型，认真分析信用测度，寻找其他信用指标进行计量，使信用测度结果更加准确、科学、可靠。

KMV 模型虽然在运用过程中存在一些不足，但总体上具有能够识别出河南省中小企业类型的能力。此外，观察到个别 ST 公司的违约距离大于相应的正常财务运营的中小企业，说明由于我国资本市场和货币市场发展缓慢，我国信用现状不能够与相关资产价值的波动理论匹配，从而导致 KMV 模型在我国市场上对一些企业信用风险的测量受到一定影响。这就要求我国在使用 KMV 模型过程中，对中小企业信贷方面的运用要谨慎，要多方面地寻求其他信用指标进行测度，从而让该信用测度结果更加准确，具有科学性和可靠性。在上文中，通过对河南中小企业的实证分析，可以看出 KMV 模型不仅可以识别河南中小企业的信用风险情况，而且能够较好反映出河南省中小企业的信用真实情况，并且根据求出的违约距离 DD 较好地反映出河南中小企业的信用状况。

7

中小企业信用测度研究

——行业发展视角

7.1 基于行业发展的中小企业信用现状

7.1.1 新常态下我国房地产业信用现状

房地产行业具有周期性特点，受市场和政府政策影响显著。2016 年 12 月，中央经济工作会议首次提出"房子是用来住的，不是用来炒的"之后，我国出台了一系列政策对房地产业进行整体调控，对房地产行业的融资政策也一直保持收紧态势，房地产业融资环境趋紧。2019 年，调控政策指向融资的供给侧，信托贷款作为房地产企业融资的重要渠道首当其冲。首先，银保监会于 2020 年 5 月发布了《信托公司资金信托管理暂行办法》，增加对房地产信托资金的限制。其次，加强对银行理财、委托贷款、开发贷款、海外债等渠道流入房地产的资金管理，严禁消费贷款用于购房，严禁信贷资金、专项债用于房地产领域。人民银行、银保监会对房地产贷款余额占比划定上限，阻止资金过度流入房地产市场。监管部门要求银行实行精细化管理，重点银行管控目标从按季度管控变为按月管控。商业银行管控力度加大导致其对房地产业放贷更为谨慎。2020年4月，中共中央政治局会议再次强调"房住不炒""促进房地产市场平稳健康发展"，房企融资环境再次收紧。对供给侧限制的同时政府对需求端的控制也未放松。2020年8月，住房和城乡建设部、中国人民银行在北京召开重点房地产企业座谈会，提出房企融资"三道红线"，要求房地产企业剔除预收款的资产负债率不得大于70%；净负债率大于100%；现金短债比小于1倍。根据"三条红线"触线情况将房企分为四档，如表7-1所示。"三条红线"分档表内外全覆盖，监管是穿透式全面性的，房地产企业很难再通过借债来偿还债务和扩大规模。按照这三个标准，2020年57家主流上市房企仅有7家为绿色档，融资环境严峻程度可见一斑。

表7-1 "三条红线"分档表

档次	划分标准	处置方法
红色档	三条红线全中	不能再增加有息负债规模
橙色档	踩中两条红线	有息负债规模年增速不得超过5%
黄色档	踩中一条红线	有息负债规模年增速不得超过10%
绿色档	一条红线未中	有息负债规模年增速可放宽至15%

房地产业的偿债压力主要取决于负债率、债务到期规模和现金规模。房地产业是典型的资金密集型行业，在开发过程中需要大量资金，但自身无法承担，因此高负债率是房地产业的常态。随着我国经济高速发展和城镇化进程的加快，房地产业迎来投资热潮，再加上融资环境宽松，融资规模持续扩大，房地产开发企业资产负债率逐年攀升。一般来说，资产负债率的合理区间是40%~60%，但根据国家统计局数据，2020年房地产业平均资产负债率达到了80%，远超合理区间。尤其近两年房地产行业到达偿债高峰期，贝壳研究院的统计数据显示，从2018年起，房企偿债规模大幅增长，到2020年房企偿债规模约9154亿元，同比增长28.7%。受"三道红线"政策影响，房企发债规模必将缩小，新增发债规模无法覆盖当期到期债务规模，不能"借新还旧"，需要依靠销售回款，但受人口出生率下降、新冠肺炎疫情和政府宏观政策调整的影响，房地产呈现疲

软状态。虽然 2020 年房地产企业销售额有所增长，但增长幅度远小于房地产企业所面临的债务的增长幅度，因此房地产企业面临巨大的债务压力。

虽然房地产企业是房地产市场的主体，但是近年来我国房地产企业违约事件频繁发生。2019 年，宣布破产的房企超过 350 家，包括 3 家上市公司。2020 年，全国有超过 400 家房企发布破产文书，以中小房企为主，中小房企违约现象频发，大中型房企也频频被爆涉及债务违约问题。"千亿房企"泰禾集团也未能幸免，其发行的 8 只债券累计违约金额达到 165 亿元。

7.1.2 我国房地产业信用测度影响因素

1. 外部因素

房地产业的发展与国家宏观经济环境呈现正相关，国家经济上行时，房地产业发展迅速，经济下行时，房地产业也会陷入低迷期。当宏观经济发展态势良好时，居民可支配收入增加，各经济主体活跃，投资热情高涨，房价大幅上涨，房地产业的销售成交额增加。当宏观经济处于衰落低迷期时，消费者可支配收入降低，对房地产投资额度减少，各经济主体对市场前景持观望态度，投资意愿不高，同时银行借贷更加谨慎，导致房地产企业资金紧张，面临资金链断裂带来的财务风险。

我国公有制为主体的经济体制决定了政府宏观调控能力很强，房地产业经济体量大，且与民生紧密相关的特点要求房地产业必须做到高质量健康发展，因此政府的宏观调控在房地产业上的体现更加明显。对于房地产业来说土地和资金是核心，土地是房企进行开发的基础。在我国，土地归于国家所有，土地市场受政府政策影响显著，当土地政策宽松时，房地产企业拿地成本降低，土地成交额增加；当土地政策紧缩时，土地供应不足，土地购置成本增加，土地成交额减少。金融政策也对房地产行业影响显著，对于消费者来说，当信贷、税率政策紧缩时，购房交易成本增加，抑制消费者投资热情，房企营业额减少导致现金流减少。对于房企来说，融资环境趋紧，房企资金不足时，资金链将受到严峻考验，更容易陷入财务风险，进而引发信用风险。

2. 内部因素

企业偿债能力是指企业对债务的偿还能力和保证程度，包括偿还长期债务和短期债务的能力。企业偿债能力是衡量企业的财务是否正常的重要指标之一。如果无法如期偿还债务，表明公司内部财务状况出现问题，容易陷入信用风险。可以从房地产企业债务规模和经营性现金流来考察企业的偿债能力。首先，房地产业负债率极高，最优的资产负债率应保持在50%，也就是资产与负债比例为1∶1。房地产行业由于前期投资非常大，国际上普遍认可的合理区间是60%~70%，但是数据显示中国房地产业平均负债率将近80%。以TOP500房企为例，2020年资产负债率均值为78.77%，自2012年以来首次出现下降，净负债率均值为85%，与2019年相比有所下降，但是比率依然处于极高水平。同时，TOP500房企短期偿债能力持续下降，表现在流动比率和速动比率连年下降，在2020年达到最低点，如图7-1所示。

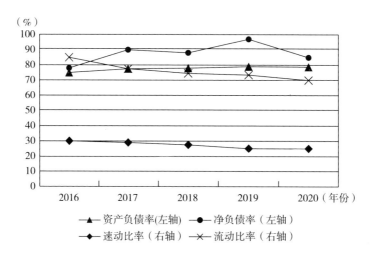

图7-1 2016~2020年TOP500房企偿债能力指标均值对比情况

资料来源：国家统计局. 中国房产信息集团（CRIC）、中国房地产测评中心。

企业经营能力是指企业基于对内部条件的整体把控，对企业经营活动的管理能力的总和。企业的经营能力决定着企业的生死强弱，房地产业具有开发周期长的特点，牵涉相关行业数量多，经营过程中要经历购置土地、项目施工、竣工销售和后续回收贷款等多个环节，资金回流速度慢，任何一个环节都是对企业资源整合能力和决策能力的极大考验，需要房企进行有力把控，发挥最高的经营水平，因为一旦某一环节出现问题都将无限期影响整个开发周期，增加房企的运营成本，使企业的利润降低。同时，房地产企业决策层要有长远的战略目光，当今房地产业正朝着数字化、精细化方向发展，只有把握这个发展契机，企业才能在新一轮竞争中立于不败之地。

利润是企业生存发展的基础，也是企业经营结果的体现。房地产企业的盈利情况经常与投资活动挂钩，因为房地产业开发周期长，资金量大，一旦投资失误，涉及资金体量巨大并且将会造成连环影响，因此在投资活动上要尤为谨慎。同时，房地产项目开发经营过程中涉及的领域众多，政府政策、宏观经济环境和市场信号等多种因素都密切影响投资结果，投资风险不可控性强，决策者需要综合考察后进行投资，谨防判断失误导致投资收益无法达到预期而造成的投资风险，影响企业的盈利能力。房地产企业也要注意适度投资，追求高投资、高收益的同时，也要考虑自身的抗风险能力，盲目、过度投资不仅会影响盈利，更会将企业陷入高负债的财务危机。此外，房地产企业盈利能力受盈利模式影响，因此应当尝试建立多元化的业务组合，开展多元化经营业务，以减少对单一业务的依赖，保持较为充足的现金流。

现金流是房地产企业的命脉，2019 年宣布破产的房地产企业超过八成都是现金流短缺造成的。现金流内部流动性主要关注资金流出和资金流入，对于房地产业来说资金流出主要是地产投资，资金流入主要是销售回款。土地是房地产企业进行开发的基础，但作为国有资产，政府对土地资源管控严格，尤其是近年来土地政策逐渐趋紧，房企购地成本不断攀升。国家统计局数据显示，2020 年，全国土地成交价款 17269 亿元，增长 17.4%；房地产开发企业土地购置面积 25536 万平方米，比 2019 年下降 1.1%，购置土地面积下降，购地成本却增加。同时，2020 年全国土地成交均价为 6762 元/平方米，与 2019 年的 5696 元/平方米相比，涨幅达 18.72%；而全国商品房均价为 5859 元/平方米，同比 2019 年涨幅仅为 5.9%，地价涨幅远高于房价涨幅。房企的土地购置成本不断上升，资金流出加剧，依靠销售回款的资金流入情况不容乐观。中国商品房空置率常年保持在较高水平，远超国际公认的10%的危险警戒线，房企空置率越高意味着房企无法将资产变现，现金流紧张，房企应当适时降低扩张速度。

7.2 基于行业发展的中小企业信用测度分析

7.2.1 数据样本的选取

房地产业公司数量众多，无法获取全部数据，且非上市公司的数据可得性较差，因此笔者选取上市公司作为样本。笔者将ST公司定义为存在财务风险公司，非ST公司定义为财务状况正常公司，剔除数据缺失或出现异常值的特殊企业，最终选定50家A股房地产业上市公司为研究对象，其中ST公司7家，非ST公司43家，为了使研究具有连续性，选取2016~2019年财务指标，其中所有数据均来自Wind数据库。

7.2.2 指标体系的构建

通过查阅大量文献，笔者选取了使用频率较高、实用性较强的财务指标，经过筛选最终确定选取24个指标，并将他们划分为偿债能力、比例结构、经营能力、发展能力、现金流状况、盈利能力六类，具体指标如表7-2所示。通过主成分分析法探究房地产行业信用测度的影响因素，并根据综合得分构建信用风险评价模型。

表7-2 信用风险评价指标

一级指标	二级指标	符号
偿债能力	流动比率	X1
	速动比率	X2
	资产负债率	X3
	利息保障倍数	X4

一级指标	二级指标	符号
比例结构	有形资产比率	X5
	经营负债比	X6
	流动资产比率	X7
	流动负债比率	X8
经营能力	应收账款周转率	X9
	总资产周转率	X10
	存货周转率	X11
	流动资产周转率	X12
发展能力	营业收入增长率	X13
	净利润增长率	X14
	所有者权益增长率	X15
	总资产增长率	X16
现金流状况	企业自由现金流	X17
	营运指数	X18
	营业收入净含量	X19
	净利润现金流量	X20
盈利能力	资产回报率	X21
	资产报酬率	X22
	净资产收益率	X23
	成本费用利润率	X24

7.2.3 主成分分析

首先，对原始数据进行 KMO 和 Bartlett 球形检验。主成分分析需要满足原始指标之间具有一定程度的相关性，在提取主成分之前需要进行适合度检验。采用 KMO 和 Bartlett 球形检验来判断指标之间的相关性，从而判断是否能进行主成分分析。KMO 检验用于检验变量间的相关性，KMO 取值在 0~1，KMO 值越接近 1 则越适用于做主成分分析，一般认为 KMO 值大于 0.5，即可进行主成分分析。Bartlett 球形检验用于检验变量间的独立性。当 Bartlett 球形检验统计量显著时，表明该指标适用于进行主成分分析。对样本进行 KMO 和 Bartlett 球形检验，结果如表 7-3 所示。由 7-3 可知，KMO 统计量为 0.538，大于 0.5，可以判断样本适用于主成分分析。Bartlett 球形检验的卡方统计量为 3426.546，伴随概率为 0.000，小于 0.01，通过了 1% 水平下的显著性检验，即 Bartlett 球形检验的统计量显著，可以判断样本适用于主成分分析。综上，通过 KMO 和 Bartlett 球形检验结果可以判断样本适用于主成分分析。

表 7-3　KMO 和 Bartlett 的检验

KMO 取样适切性量数		0.538
Bartlett 球形度检验	近似卡方	3426.546
	自由度	276
	显著性	0.000

　　笔者使用主成分法进行主成分提取，表 7-4 展现了初始特征值、提取载荷平方和、旋转载荷平方和。依据特征值大于 1 的原则，笔者提取了 8 个主成分，方差贡献率分别达到 18.261%、13.252%、10.726%、8.351%、7.274%、6.219%、5.044%、4.242%，累计方差贡献率达到 73.368%，即 8 个主成分可以解释原指标信息的 73.368%，可以较为全面地替代原始指标，8 个主成分的解释能力较强。因此，提取 8 个主成分来分析 2016～2019 年房地产上市公司信用测度的影响因素，如表 7-4 所示。

表 7-4　目标公司信用测度影响因素的主成分分析

成分	初始特征值			提取载荷平方和			旋转载荷平方和		
	总计	主成分方差贡献率（%）	累计方差贡献率（%）	总计	主成分方差贡献率（%）	累计方差贡献率（%）	总计	主成分方差贡献率（%）	累计方差贡献率（%）
1	4.383	18.261	18.261	4.383	18.261	18.261	3.751	15.630	15.630
2	3.180	13.252	31.512	3.180	13.252	31.512	2.909	12.122	27.753
3	2.574	10.726	42.238	2.574	10.726	42.238	2.390	9.959	37.712

续表

成分	初始特征值			提取载荷平方和			旋转载荷平方和		
	总计	主成分方差贡献率（%）	累计方差贡献率（%）	总计	主成分方差贡献率（%）	累计方差贡献率（%）	总计	主成分方差贡献率（%）	累计方差贡献率（%）
4	2.004	8.351	50.589	2.004	8.351	50.589	2.237	9.321	47.032
5	1.746	7.274	57.862	1.746	7.274	57.862	1.907	7.945	54.978
6	1.493	6.219	64.081	1.493	6.219	64.081	1.901	7.919	62.897
7	1.211	5.044	69.126	1.211	5.044	69.126	1.280	5.333	68.230
8	1.018	4.242	73.368	1.018	4.242	73.368	1.233	5.137	73.368
9	0.929	3.870	77.237						
10	0.873	3.637	80.875						
11	0.845	3.521	84.395						
12	0.766	3.190	87.585						
13	0.697	2.903	90.488						
14	0.537	2.240	92.728						
15	0.359	1.494	94.222						
16	0.300	1.249	95.471						
17	0.274	1.143	96.614						
18	0.258	1.074	97.688						
19	0.218	0.909	98.597						
20	0.156	0.649	99.246						
21	0.107	0.447	99.693						
22	0.034	0.141	99.833						
23	0.027	0.112	99.945						
24	0.013	0.055	100.000						

　　碎石图直观地展现了主成分的提取方式，结果如图7-2所示。图7-2的横轴表示成分数，纵轴表示特征值，可以发现出现了8个特征值大于1的主成分。因此判断提取8个主成分，便能解释大部分信息。

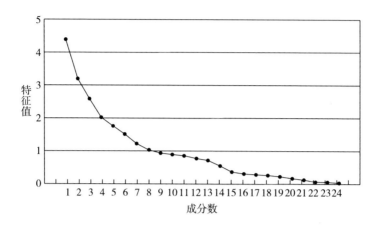

图 7-2 碎石图

旋转后的成分矩阵展现了各指标在各主成分上的载荷，即各指标在各主成分上的分布情况，载荷越大，代表主成分受其影响越大，成分矩阵结果如表7-5所示。

表 7-5 旋转后的成分矩阵

符号	成分							
	F1	F2	F3	F4	F5	F6	F7	F8
X1	−0.015	0.350	−0.641	0.041	0.439	0.214	−0.179	−0.046
X2	−0.091	−0.126	−0.078	0.007	0.901	0.037	−0.015	−0.024
X3	−0.043	0.464	0.038	−0.083	−0.718	0.007	0.126	0.260
X4	0.389	0.108	0.211	−0.078	−0.080	0.216	−0.277	0.201
X5	0.196	0.440	−0.155	−0.075	−0.213	−0.566	0.034	0.261
X6	0.149	0.173	0.805	−0.079	0.145	0.240	0.092	0.136
X7	0.015	0.769	0.194	−0.035	−0.146	0.265	0.026	0.331
X8	−0.043	0.119	0.881	0.004	−0.001	0.190	0.092	−0.002
X9	0.149	0.229	0.242	−0.032	0.529	−0.077	0.252	0.181
X10	0.143	−0.174	0.229	0.114	−0.027	0.804	0.029	−0.086
X11	0.099	−0.887	−0.035	−0.036	0.055	0.152	0.056	0.126
X12	0.153	−0.879	0.040	0.018	−0.003	0.313	0.045	0.037

符号	成分							
	F1	F2	F3	F4	F5	F6	F7	F8
X13	0.095	−0.013	−0.014	0.860	−0.016	0.235	0.002	−0.041
X14	0.341	−0.003	−0.082	0.078	−0.034	0.484	0.057	0.171
X15	0.189	−0.016	0.004	0.813	0.031	0.188	−0.029	0.027
X16	−0.047	−0.008	0.035	−0.841	−0.027	0.235	−0.042	0.019
X17	0.058	−0.017	0.264	−0.054	−0.032	−0.193	0.637	−0.333
X18	0.042	0.130	−0.479	−0.089	0.016	0.235	0.451	0.029
X19	−0.079	0.031	0.089	−0.022	−0.042	−0.059	0.043	0.816
X20	−0.041	−0.076	0.065	0.068	0.010	0.122	0.668	0.226
X21	0.954	−0.106	0.057	0.118	0.036	0.126	0.003	−0.016
X22	0.918	−0.155	0.013	0.187	−0.043	0.075	0.030	−0.060
X23	0.846	0.076	0.044	−0.008	0.028	0.140	0.032	−0.047
X24	0.898	−0.080	−0.060	0.120	0.019	−0.130	−0.016	−0.039

可以看出第一主成分（F1）受资产回报率、资产报酬率、净资产收益率、成本费用利润率影响较大，这些指标反映了企业的盈利能力；第二主成分（F2）受流动资产比率、存货周转率、流动资产周转率影响较大，这些指标反映了企业的经营能力；第三主成分（F3）受流动比率、经营负债比、流动负债比率影响较大，这些指标反映了企业的比例结构状况；第四主成分（F4）受营业收入增长率、所有者权益增长率、总资产增长率影响较大，这些指标与企业的发展前景密切相关，反映了企业的发展能力；第五主成分（F5）受速动比率、资产负债率、应收账款周转率影响较大，反映了企业的偿债能力；第六主成分（F6）受有形资产比率、总资产周转率影响较大，反映了企业的营运能力；第七主成分（F7）受企业自由现金流影响较大，反映了企业的自由现金流状况；第八主成分（F8）受营业收入净含量影响较大，反映了企业的营业收入净含量状况。通过成分矩阵载荷分布可以看出，房地产行业信用风险主要受八个方面影响，按影响程度大小依次为盈利能力、经营能力、比例结构、发展能力、偿债能力、营运能力、自由现金流、营业收入净含量。通过成分得

分系数矩阵可以计算各主成分具体得分。成分得分系数矩阵如表 7-6 所示。

表 7-6　成分得分矩阵

符号	成分							
	1	2	3	4	5	6	7	8
X1	0.003	0.194	−0.284	−0.018	0.224	0.204	−0.076	−0.028
X2	−0.020	0.006	0.000	−0.008	0.485	−0.016	−0.001	0.077
X3	−0.009	0.106	−0.043	−0.013	−0.349	0.066	0.093	0.098
X4	0.103	0.029	0.076	−0.064	−0.019	0.085	−0.247	0.135
X5	0.108	0.081	−0.051	−0.004	−0.047	−0.305	0.033	0.198
X6	0.022	0.067	0.326	−0.033	0.123	0.059	−0.001	0.048
X7	−0.003	0.267	0.023	−0.007	−0.015	0.194	0.004	0.148
X8	−0.040	0.048	0.374	0.022	0.028	0.040	−0.004	−0.077
X9	0.055	0.087	0.097	−0.011	0.337	−0.095	0.178	0.162
X10	−0.028	0.014	0.028	−0.002	−0.062	0.439	0.008	−0.121
X11	0.005	−0.344	−0.028	−0.037	−0.013	0.002	0.035	0.227
X12	0.004	−0.317	−0.006	−0.025	−0.058	0.094	0.023	0.128
X13	−0.051	0.029	−0.003	0.390	−0.035	0.087	0.008	−0.019
X14	0.061	0.025	−0.105	−0.012	−0.027	0.263	0.051	0.121
X15	−0.017	0.017	0.008	0.366	0.002	0.045	−0.021	0.049
X16	0.031	0.006	−0.031	−0.414	−0.014	0.193	−0.038	−0.036
X17	0.027	0.024	0.094	−0.021	−0.025	−0.115	0.494	−0.319
X18	0.012	0.082	−0.291	−0.072	−0.007	0.205	0.409	0.000
X19	−0.023	−0.111	0.001	0.036	0.056	−0.091	0.005	0.723
X20	−0.032	−0.044	−0.051	0.041	0.019	0.047	0.525	0.188
X21	0.259	−0.008	0.003	−0.021	0.018	−0.011	−0.007	−0.008
X22	0.246	−0.029	−0.011	0.016	−0.032	−0.036	0.019	−0.040
X23	0.239	0.066	−0.011	−0.075	0.020	0.033	0.021	−0.067
X24	0.262	−0.017	−0.022	−0.004	0.016	−0.146	−0.012	−0.009

　　根据上述成分得分系数矩阵，可以按照如下公式计算每个主成分的具体得分，由此分析 2015~2019 年房地产行业上市公司信用测度的影响因素。

F1＝0.003×X1－0.02×X2－0.009×X3＋⋯＋0.246×X22＋0.239×X23＋0.262×X24

F2＝0.194×X1＋0.006×X2＋0.106×X3＋⋯－0.029×X22＋0.066×X23－0.017×X24

⋯⋯

F7＝－0.076×X1－0.001×X2＋0.093×X3＋⋯＋0.019×X22＋0.021×X23－0.012×X24

F8＝－0.028×X1＋0.077×X2＋0.098×X3＋⋯－0.040×X22－0.067×X23－0.009×X24

7.2.4 模型的构建与分析

笔者探究房地产行业上市公司信用测度的影响因素，笔者利用是否为 ST 企业（是＝1，否＝0）作为因变量，ST 企业表明该企业信用风险较高，非 ST 企业表明该企业信用风险较低，将主成分分析得出的盈利能力、经营能力、比例结构、发展能力、偿债能力、营运能力、自由现金流因子、营业收入净含量分别作为自变量进行回归。样本中包含 7 家 ST 企业，43 家非 ST 企业。由于因变量是个二分类变量，故采用 logistic 模型进行回归分析，具体模型如下：

$$L=\ln\left(\frac{P}{1-P}\right)=\beta_0+\beta_1F_1+\beta_2F_2+\beta_3F_3+\beta_4F_4+\beta_5F_5+\beta_6F_6+\beta_7F_7+\beta_8F_8+u \qquad (7-1)$$

其中，P 代表公司是 ST 企业的概率，1－P 代表公司不是 ST 企业的概率。β_0 代表常数项，β 代表回归系数，u 代表随机扰动项。

$$进一步化简得：P=\frac{e^z}{1+e^z} \quad (Z=\alpha+\beta_1X_1+\beta_2X_2+\cdots+\beta_nX_n) \qquad (7-2)$$

通常我们将违约临界值 P 定为 0.5，若计算所得 P＜0.5，则企业信用较高，违约风险较低；若 P＞0.5，说明企业信用较低。笔者探究房地产行业上市公司信用测度的影响因素，利用极大似然估计方法对模型进行估计，结果如表 7-7 所示。

表 7-7　方程中的变量

		B	标准误差	瓦尔德	自由度	显著性	Exp（B）	EXP（B）的95%置信区间	
								下限	上限
步骤1	FAC1_1	-1.459	0.413	12.498	1	0.000	0.232	0.104	0.522
	FAC1_2	-0.202	0.501	0.162	1	0.687	0.817	0.306	2.182
	FAC1_3	1.204	0.435	7.653	1	0.006	3.332	1.420	7.817
	FAC1_4	3.184	0.885	12.954	1	0.000	24.132	4.263	136.614
	FAC1_5	1.650	0.460	12.887	1	0.000	5.207	2.115	12.818
	FAC1_6	-1.697	0.440	14.868	1	0.000	0.183	0.077	0.434
	FAC1_7	-0.327	0.367	0.795	1	0.373	0.721	0.351	1.480
	FAC1_8	0.280	0.537	0.273	1	0.601	1.324	0.462	3.789
	常量	-3.035	0.459	43.694	1	0.000	0.048		

由表 7-7 可知，F1、F3、F4、F5、F6 均通过了显著性检验，即上市公司的盈利能力、比例结构、发展能力、偿债能力、营运能力均对房地产上市公司的违约率具有显著影响，因此保留到模型中。F2、F7 和 F8 的显著性值大于 0.05，即短期偿债能力、比例结构和营运指数对房地产行业上市公司的信用风险影响并不显著，因此要剔除。据此，最终得到的 logistic 模型表达式如下：

$$Ln（Y）= Ln\left(\frac{P}{1-P}\right) = -1.459F_1+1.204F_2+3.184F_4+1.650F_5-1.697F_6-3.035 \tag{7-3}$$

模型的拟合优度检验有皮尔逊相关系数及其显著性检验、Hosmer-Lemeshow 检验等。其中 Hosmer-Lemeshow 检验是专门针对 logistic 回归模型的拟合效果的检验。Hosmer-Lemeshow 检验做的是虚无假设，通过 p 值来推断拟合方程是否有偏差。如果 p 值大于 0.05 认为模型拟合的较好。根据表 7-8，Hosmer-Lemeshow 检验的显著性为 0.490，大于 0.05，这表明当显著性为 95% 时，模型在预测值和观测值之间的差异不显著，因而拟合度好。

表 7-8　Hosmer 和 Lemeshow 检验

步骤	卡方	df	Sig.
1	7.440	8	0.490

从表 7-9 中可以看出，模型对这些公司信用风险评价的准确度，由模型的预测结果可以看出，ST 企业中被正确评估为 ST 企业的概率为 67.9%，非 ST 企业中被正确评估为非 ST 企业的概率为 98.8%，模型总体评估正确率为 94.5%，因此模型能够较好地评价我国房地产上市公司的信用风险。

表 7-9　分类表

			违约风险		正确百分比
			非 ST	ST	（%）
步骤 1	违约风险	非 ST	170	2	98.8
		ST	9	19	67.9
总体百分比（%）					94.5

8

中小企业信用测度

——宏观环境视角

8.1 研究准备

自 2008 年金融危机以后，经济政策不确定性成为中小企业宏观环境的主要影响因素，并逐渐引起了各界的重视。国际货币组织也在 2012 年的《世界经济展望报告》中多次指出，经济政策不确定性是阻碍世界经济体从金融危机后复苏的重要原因之一，其会影响就业率、家庭消费和企业投资等经济行为。学术界也对经济政策不确定性这一话题高度重视，经济政策不确定性不仅会对宏观经济带来负面影响，影响经济周期、阻碍经济复苏，还会影响企业微观的经营活动，抑制企业投资、降低企业的经营活力。所谓经济政策不确定性，即是指金融市场以及企业主体不能够及时预判政府所制定、出台和实施的财政政策、税收政策以及货币政策等一系列经济政策而产生的不确定性。一般情况下，在面对不明确的国际经济环境、不平稳的国内经济环境时，政府会更大程度地倾向于通过调整或变动经济政策以达到适应新的经济环境的目的。在政府调整政策的过程中，对于企业主体而言就产生了经济政策不确定性，从而企业就可能受到因政策调整而带来的影响，如企业经营的风险有所增加，严重的情况下企业有破产的风险。

对于我国而言，经济政策不确定性更是普遍存在的，尤其是金融危机之后，我国政府推出了"四万亿计划"，后又实施了"工业 4.0""互联网+""供给侧结构性改革""三去一降一补"等一系列宏观经济政策，这些政策虽然刺激了经济增长，但也客观地引发了我国的经济政策不确定性。针对宏观环境变化以及不断出台的经济政策，企业如何动态调整自身经营决策和战略行动，特别是如何调整作为企业最基本决策的融资决策，这本身就是一个值得分析的问题。以我国为例，根据近十年上市公司数据来看，企业信用与公司总负债占比已经达到了 20% 左右，由此可见，企业信用作为短期融资方式在经济活动中被广泛使用。因此，研究经济政策不确定性对企业信用的影响是对外部宏观环境如何影响企业融资决策的一个有效补充。

从目前的客观情况来看，企业信用成为企业融资发展的重要部分，已经得到了广泛的应用与重视。此外，企业在面对不确定的外部宏观环境时，是否会因变化的宏观环境而调整企业信用决策，以及经济政策不确定性如何影响企业信用也有待进一步的研究。

一方面，目前有关于企业信用的研究主要是集中在企业内部的微观方面，而对于企业经营的外部宏观经济方面的研究相对较少。笔者从经济政策不确定性这一宏观经济层面进行有关企业信用的研究，补充企业信用与宏观经济层面之间关系的内容。另一方面，现有的学术研究主要关注经济政策对于企业投资方面的影响较多，对企业信用的研究较少，笔者主要分析经济政策不确定性对企业信用规模的影响，丰富企业信用方面的相关研究。对于政府而言：研究经济政策不确定性对企业信用的影响更有利于政府制定合理、有效的宏观经济政策，提醒政府要用更长远、全面的眼光来看待问题，制定政策时有必要从企业经营、整体宏观经济发展等多角度出发考虑问题，从而制定出更加严谨、有效的宏观经济政策，最大限度达到政策制定的目的。对于企业主体而言：研究经济政策不确定性与企业信用之间的关系，不仅对企业应对经济政策变动时的财务管理活动有借鉴意义，还为企业的战略布局提供了一定的经验，以便于企业在面临政府政策调整时及时进行预判，主动采取抵御措施以更好地适应政策变动的大环境，进而减少经济政策给企业带来的负面影响。

8.2 相关研究基础

8.2.1 中小企业信用测度影响因素

关于企业自身对企业信用规模的影响，学者主要从企业规模、市场地位、盈利能力、偿债能力、成长能力等方面进行研究。在企业规模方面，池仁勇等（2020）研究发现，企业规模对研发投入、企业信用规模有正向促进作用；叶栋梁（2008）通过实证研究分析发现，上市公司的规模越大，企业信用的规模越大。在市场地位方面，魏刚（2019）通过双边随机边界模型研究发现，市场地位的优势使市场地位高的企业获得的企业信用融资规模比市场地位低的企业高出 13.8%；刘欢等（2015）研究发现，具有融资约束的企业更倾向于通过市场地位获取企业信用融资；张新民（2012）研究发现，市场地位与企业信用规模呈正相关关系。在银行贷款方面，杜伟等（2014）通过实证研究发现，企业信用与银行贷款存在一定比例的替代作用。在经济政策不确定性上升时，银行通过增加信贷成本、提升信贷门槛以减少向企业发放的贷款金额，此时，企业为了维持自身的经营发展会选择通过企业信用融资进行资金周转。在经营状况方面，刘少英（2014）运用计量方法发现，企业经营的好坏不仅会影响到其还贷能力，还会影响到其他企业是否会考虑向偿债能力低的企业提高信用融资门槛，关系到企业是否能通过企业信用融资渠道获得资金。

研究外部宏观层面对企业信用的影响，即从企业所处的外部环境方面进行分析，主要包括经济政策、地区发展水平等。在经济政策方面，陆正飞和杨德明（2011）、饶品贵和姜国华（2013）利用我国的相关数据进行研究，发现在国家实行货币紧缩政策的情况下，银行一般通过提高信贷门槛、提升信贷标准、增加信贷成本等方式减少向企业发放的贷款，而企业由于不能从银行获得充足的信贷，便会通过企业信用融资的途径来维持自身的发展。研究发现，银行信贷与企业信用两者之间存在相互替代关系。在地区发展水平方面，郑军等（2013）将地区发展水平作为解释变量，企业信用作为被解释变量进行研究，发现发展水平高的地区相关法律制度更加完善，使用企业信用的主体也更多。

8.2.2 宏观环境对中小企业信用测度的影响

研究经济政策不确定性对微观企业的影响，主要是从企业投资、企业融资行为以及企业创新等方面。在企业投资方面，李凤羽和杨墨竹（2015）研究发现，经济政策不确定性会导致企业的投资水平有所下降，两者呈现出负相关关系；饶品贵和徐子慧（2017）在经济政策不确定性会降低企业投资水平的基础之上，研究了经济政策不确定性对投资效率的影响，发现投资者在投资过程中也将经济政策纳为是否投资的影响因素，并发现了投资效率会随着经济政策不确定性的提高而有所提升。在企业融资方面，一些学者发现企业融资也同样会受到经济政策不确定性的影响，经济政策不确定性对企业融资有明显的抑制作用；蒋腾等（2018）研究发现，当经济政策不确定性上升时，大多数授信方都会减少供给，同样，银行会提升信贷标准，增加信贷门槛，减少对企业提供的贷款。因此，企业融资成本的增加会抑制企业的融资行为。在企业创新方面，经济政策不确定性对企业创新的影响研究结果并未取得一致意见，孟庆斌等（2017）研究发现，经济政策不确定性不但不会抑制企业的创新投入，反而会对企业的创新投入产生促进作用。他们认为由于经济政策不确定性上升，企业会通过加大创新性的研发投入以增强企业的市场竞争力。陈德球等（2016）则发现，当企业面临外部经济政策不确定时，会降低企业的创新投入。

经济政策不确定对企业信用的影响。目前，学者关于经济政策不确定性对企业信用研究的出发点各有差异。王化成等（2016）通过研究发现，当经济政策不确定性较高时，企业所获得的企业信用会出现下降趋势，与此同时，加入产权性质作为调节变量，将企业进行分组，研究发现国有企业相比于民营企业的下降程度有所减缓。陈胜蓝和刘晓玲（2018）从企业信用的供给方与需求方两个角度进行研究，发现经济政策不确定性的增加与企业信用的提供呈明显的负相关，并发现社会信任水平和地区金融发展能够缓解两者之间的负相关关系。陆正飞和杨德明（2011）证实当货币政策发生调整时，促使了企业与企业之间产生大量的企业信用，研究发现，当国家实行宽松货币政策时，整个金融市场都非常活跃，买方拥有比较高的地位，因此也产生了大量的企业信用；而当国家一旦实行紧缩的货币政策，某些小型企业借贷出现问题，这些企业便会选择使用企业信用。

通过对上述文献的梳理，发现在企业信用的研究方面，大多数学者都是从企业微观层面出发，研究企业的市场地位、财务水平、公司内部管理质量等和企业信用的关系。在宏观层面对企业信用的研究主要是研究货币政策对企业信用的影响。研究发现，在货币政策宽松时，企业资金流动性充足，企业信用规模增大。与此同时，关于经济政策不确定性的研究更侧重于其对企业的投融资决策、企业创新的影响。研究指出，当经济政策不确定性增加时，企业经营风险增大，不仅会减少企业的创新投入，企业的投融资策略也会随之发生改变。针对宏观经济政策不确定性与微观企业信用的研究相对较少。此外，近年来，新冠肺炎疫情对我国经济的发展产生了一定的影响，导致企业面临更多的外部环境不确定，企业在做决策时应更加注重对宏观环境的分析，笔者的研究也更有意义。

8.3 基于宏观环境的中小企业信用现状

8.3.1 经济政策变动情况

我国政府在特殊的经济体制下发挥着重要作用，由于政府在市场活动中的干预较多，导致我国的经济政策具有不可预见性，这也符合我国社会主义市场经济的基本国情。为了能够更加直观、清晰地展现我国经济的波动情况，绘制了直接展现笔者研究年限的经济政策不确定性指数的折线图（见图 8-1）。从图 8-1 中可以看出，我国经济政策不确定性指数基本上呈逐年增加的趋势，且在 2012 年、2016 年、2019 年前后出现了峰值。2012 年前后，我国出现了经济衰退与通货膨胀并存的局面，政府出台了"四万亿计划"以刺激经济的增长，经济政策不确定性指数也随之增大。到 2016 年，我国的经济政策不确定性指数不断增大，这一状况与我国的整个宏观经济有很大的关联，在此期间，我国经济正处于从高速发展向高质量发展的过渡阶段。到 2017 年 12 月 28 日，我国经济已经由高速发展转向高质量发展阶段，其中 2013 年提出了"一带一路"建设、2015 年提出了"供给侧结构性改革""三去一降一补"等政策，客观上都增加了经济政策的不确定性。之后，我国的经济一定程度上受到了新冠肺炎疫情影响，政府需要通过一系列措施以保证我国经济的平稳发展。2019~2020 年我国的经济政策不确定性又达到了峰值。

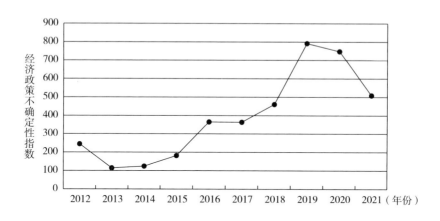

图 8-1　2012~2021 年我国经济政策不确定性指数折线

8.3.2　企业融资规模情况

研究发现，企业信用已经成为与银行信贷、股权融资等并列的第三种融资方式。在欧美等发达国家，企业信用是最重要的短期融资方式之一。在金融发展尚不健全的国家，企业信用已经成为银行信贷的替代性融资渠道。图8-2展现了2012~2020年笔者所研究的企业信用规模走势。从图8-2中可以直观地看出，自2012年以来，企业信用规模随着时间的变化一直呈现出稳步递增的趋势，说明企业信用在经济活动中正在被越来越广泛地应用，但发展至2020年，企业信用的总规模相比于2019年有所下降，这与经济政策不确定性指数变化趋势恰恰相反。

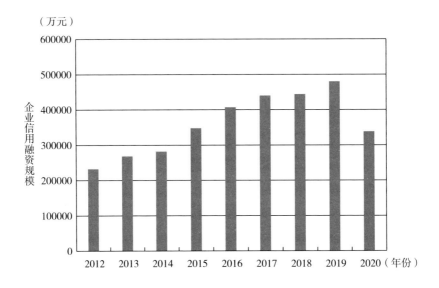

图8-2　2012~2020年企业信用融资规模情况

以我国为例，根据十年来上市公司的财务数据来看，企业信用与公司总负债之比平均已达到20%以上（见图8-3），可见企业信用已经作为一种短期融资渠道而被接受，但其明显在2020年出现下降。此外，企业信用虽然在不断发展，逐渐成为企业的一种短期融资方式，但企业信用的总体规模依旧略低于银行的短期借款。

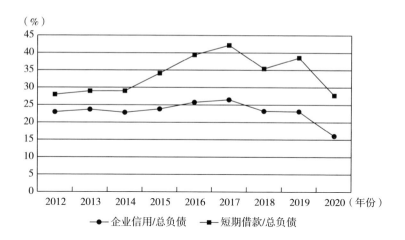

图 8-3　企业信用、短期借款与总负债之比

　　企业信用已经成为企业发展过程中的重要融资渠道，在经济发展方面发挥着重要作用。近几年，企业信用规模虽然呈现出不断增长的趋势，但与银行短期借款相比，企业信用规模总体还略低于短期借款（见图 8-4），说明企业在融资过程中依旧更倾向于银行贷款。

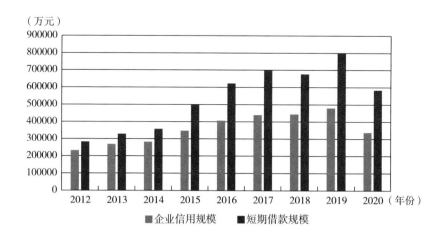

图 8-4　企业信用与短期借款规模对比

8.4 基于宏观环境的中小企业信用测度分析

8.4.1 样本选择与数据来源

企业信用在金融危机后受到了广泛关注，与此同时，不少上市公司同样受到了金融危机的影响，不仅导致部分企业亏损甚至倒闭，而且造成了公司数据的不完整、不连续。因此，笔者在研究经济政策不确定性对企业信用的影响时，选取 2012~2020 年中部地区上市公司作为研究对象，并为了保证数据的真实性、可靠性，对这些上市公司的数据进行如下处理：剔除 ST 的 A 股上市公司，由于此类上市公司的财务数据异常，可能会影响数据的可靠性，故剔除此类数据以减小误差；剔除金融类上市公司，由于金融类上市公司与其他行业的上市公司的经营模式有所不同，财务报表也存在差异，故不考虑金融类上市公司作为研究对象；剔除变量缺失的数据，方便之后的研究；剔除上市公司数据小于 1% 分位数和大于 99% 分位数的样本。笔者所使用的上市公司财务数据均来自国泰安（CSMAR）数据库，其他企业信息来自国泰安企业研究系列的公司基本信息。笔者所使用的经济政策不确定性指标来自 Baker 等（2013）联合开发编制的中国经济政策不确定指数和不同国家每月的经济政策不确定性指数。经过以上处理，笔者得到了 6360 个面板数据，并使用 Stata16 进行回归处理。

8.4.2 变量设计

被解释变量为企业信用规模（Tra）。企业信用主要是指企业在经营过程中赊销账款或者预付款项而产生的债务债权关系，这里考察的是企业信用规模，一般用应收款项、应收票据、预付款项来进行衡量，并用总资产对其进行标准化，参考陆正飞（2011）对企业信用规模的处理。

$$Tra_{i,t} = （应收账款+应收票据+预付账款）/总资产 \tag{8-1}$$

解释变量是经济政策不确定性（EPU）。为了使经济政策不确定性与企业的年度数据相对应，以月度经济政策不确定性指数为基础，计算其季度变量，再对季度变量进行简单的加权平均得到年度的经济政策不确定性指数。其中 EPUm 为某一季度第 m 个月的经济政策不确定性指数，m 分别取 3、6、9、12。

$$EPU = (3EPU_m + 2EPU_{m-1} + EPU_{m-2})/6/100 \tag{8-2}$$

关于企业规模（Size）的衡量，参考其他的文献做法，对企业的期末总资产取对数进行衡量。

$$Size = Ln（期末总资产） \tag{8-3}$$

除了以上的关键变量，笔者还引入了一些控制变量，包括总资产回报率（Roa）、成长性（Growth）、银行借款（Bank）、经营活动现金流（CFO）、流动性（Liq）、盈利性（EBIT）（见表 8-1）。

表 8-1　主要变量的含义与处理

变量性质	变量名称	变量符号	变量说明
被解释变量	企业信用规模	Tra	（应收账款+应收票据+预付账款）/总资产
解释变量	经济政策不确定性	EPU	Baker 构建的经济政策不确定性指数
调节变量	企业规模	Size	Ln（期末总资产）
控制变量	总资产回报率	Roa	净资产/总资产
	成长性	Growth	（本期期末营业收入−上期期末营业收入）/上期期末营业收入
	银行借款	Bank	（短期借款+长期借款）/总资产
	经营活动现金流	CFO	经营活动产生的现金流量/期末总资产
	流动性	Liq	流动性/总资产
	盈利性	EBIT	息税前利润/总资产

8.4.3　实证模型

为了研究经济政策不确定性与企业信用的关系，笔者构建了如下回归模型：

$$Tra_{i,t} = \alpha_0 + \alpha_1 EPU_{i,t-1} + \alpha_2 Roa_{i,t} + \alpha_3 Growth_{i,t} + \alpha_4 Bank_{i,t} + \alpha_5 CFO_{i,t} + \alpha_6 Liq_{i,t} +$$

$$\alpha_7\text{EBIT}_{i,t}+\text{Year fixed effect}+\text{Industry fixed effect}+\varepsilon_{i,t} \qquad (8-4)$$

为了检验企业规模是否能够缓解经济政策不确定性对企业信用规模的影响，在此基础上加入市场规模作为调节变量，将经济政策不确定性指数和企业规模的交互项（lEPU×Size）加入其中，得到如下回归模型：

$$\text{Tra}_{i,t}=\alpha_0+\alpha_1\text{EPU}_{i,t-1}+\alpha_2\text{EPU}_{t-1}\times\text{Size}+\alpha_3\text{Size}+\alpha_4\text{Roa}_{i,t}+\alpha_5\text{Growth}_{i,t}+$$

$$\alpha_6\text{Bank}_{i,t}+\alpha_7\text{CFO}_{i,t}+\alpha_8\text{Liq}_{i,t}+\alpha_9\text{EBIT}_{i,t}+\text{Year fixed effect}+$$

$$\text{Industry fixed effect}+\varepsilon_{i,t} \qquad (8-5)$$

8.4.4 描述性统计

为了对变量的特征进行初步了解，笔者首先对样本总体的所有变量进行描述性统计分析，描述性统计结果如表8-2所示。

表8-2　主要变量的描述性统计

变量	样本数	平均值	标准差	最小值	中位数	最大值
企业信用规模	6360	0.16	0.12	0	0.13	0.81
经济政策不确定性	6360	4.35	2.5	1.04	3.79	8.21
企业规模	6360	21.42	3.29	7.61	21.79	28.26
总资产回报率	6360	0.05	0.17	-2.64	0.04	10.12
成长性	6360	0.23	3.53	-0.99	0.1	263.27
银行借款	6360	0.12	0.13	0	0.09	2.19
经营活动现金流	6360	0.05	0.08	-0.74	0.05	0.92
流动性	6360	0.6	0.2	0.01	0.62	1
盈利性	6360	0.06	0.21	-4.8	0.06	11.01

被解释变量企业信用规模（Tra）的均值为0.16，标准差为0.12，由此可以得出目前上市公司的企业信用规模较小。企业之间的规模大小也存在差异，最大值与最小值相差较大，也就是说不同企业提供企业信用的能力差别较大。解释变量经济政策不确定性（EPU）的均值为4.35，标准差为2.5，说明整体的经济政策存在较大的波动。在企业规模（Size）方面，调节变量的平均值为

21.42，标准差为 3.29，说明大型企业和中小企业的规模存在明显差距（最小值和最大值分别为 7.61 和 28.26）。在总资产回报率（Roa）、经营活动现金流（CFO）和盈利性（EBIT）三方面，控制变量的这三个指标的均值都相对较小，表明我国上市公司的盈利能力还有待进一步提升，资产回报率比较低。此外，这三个指标的最小值都为负值，说明有部分企业存在亏损，并未盈利，直接拉低了三者的平均值。在成长性（Growth）方面，均值为 0.23，说明大部分上市公司处于快速发展阶段，其标准差为 3.53，表明不同公司的成长性存在较大差异。在银行借款（Bank）方面，均值为 0.12，说明上市公司在银行的贷款率并不高，原因可能是上市公司的融资方式比较多样，不是单纯地依靠银行贷款。另外，银行出于经营安全的考虑，会对企业的贷款率进行控制。在流动性（Liq）方面，其最小值和最大值分别为 0.01 和 1，体现了企业之间的流动性差异较大。

8.4.5　相关性检验

在进行回归之前，为了预防出现多重共线性的问题，此处对主要的变量进行相关性检验。从相关系数矩阵表（见表 8-3）中可以看出，企业信用规模（Tra）与经济政策不确定性（EPU_{t-1}）的系数为 -0.047，在 1% 的水平上显著，意味着经济政策不确定性越高，企业商业规模越小。企业信用规模（Tra）与企业规模（Size）正向相关（系数为 0.083），在 1% 的水平上显著，意味着企业规模越大、实力越强，企业信用规模越大。控制变量方面，企业信用与成长性、流动性之间都为显著的正相关关系，与银行借款、资产回报率、经营活动现金流量之间呈负相关关系。此外，被解释变量、解释变量、控制变量之间的相关系数均小于 0.5，表现为弱相关关系，说明变量之间不存在多重共线性。

表 8-3　相关性检验

	Tra	EPU_{t-1}	Size	Roa	Growth	Bank	CFO	Liq	EBIT
Tra	1								
EPU_{t-1}	-0.047***	1							

续表

	Tra	EPU$_{t-1}$	Size	Roa	Growth	Bank	CFO	Liq	EBIT
Size	0.083***	0.066***	1						
Roa	-0.045***	-0.0130	-0.0130	1					
Growth	0.00300	-0.045***	0.00200	-0.0110	1				
Bank	-0.0140	-0.0180	0.105***	-0.184***	-0.00700	1			
CFO	-0.035***	0.091***	0.0170	0.126***	-0.034***	-0.207***	1		
Liq	0.372***	0.0210	-0.037***	0.080***	0.0130	-0.249***	-0.090***	1	
EBIT	-0.037***	-0.00700	-0.00500	0.974***	-0.00500	-0.153***	0.110***	0.047***	1

注：***表示 p<0.01，**表示 p<0.05，*表示 p<0.1。

8.4.6 实证结果分析

为了研究经济政策不确定性与企业信用规模之间的关系，笔者使用上文中所构建的模型进行面板数据的固定效应回归，回归结果如表8-4所示。

表8-4 经济政策不确定性与企业信用规模的回归结果

变量	（1）	（2）	（3）
	企业信用规模		
经济政策不确定性指数	-0.002*** (-3.40)	-0.004*** (-4.45)	-0.003*** (-3.61)
总资产回报率			-0.271** (-1.96)
成长性			0.022*** (5.57)
银行借款			-0.012 (-0.53)
经营活动现金流			0.129*** (5.88)
流动性			0.122*** (5.99)

续表

变量	（1）	（2）	（3）
	企业信用规模		
盈利性			0.122 （0.96）
常数项	0.165*** （52.86）	0.163*** （33.73）	0.084*** （5.48）
样本数	5267	5267	5267
代码数		903	903
R^2	0.002	0.037	0.110
行业固定	NO	YES	YES
年份固定	NO	YES	YES
F 检验	0.000669	0	0
修正后 R^2	0.00201	0.0360	0.107
F 值	11.59	25.02	20.98

注：*** 表示 $p<0.01$，** 表示 $p<0.05$，* 表示 $p<0.1$。

　　表 8-4 中第一列为一元线性回归，并未加入控制变量和行业、年度固定效应，从第一列的回归结果来看，经济政策不确定性指数与企业信用规模的系数为-0.002，且回归结果在1%水平上显著，经济意义为经济政策不确定性每增加一单位，企业信用规模降低 0.2%。当对行业和年份进行控制之后，两者的相关系数为-0.004，且 t 值由-3.40 变为-4.45，说明经济政策不确定性对企业信用的抑制作用有所加强。第三列既控制行业、年份效应，又加入控制变量进行分析，相关系数为-0.003，t 值为-3.61，即两者在1%的水平上显著负相关。因此，由表 8-4 得到的回归结果可以发现，无论是否加入控制变量，经济政策不确定性与企业信用都呈现显著的负相关关系，意味着当经济政策不确定性增加时，企业更倾向于采取保守措施，降低企业信用规模。在控制变量方面，回归结果与预想基本保持一致。资产回报率（Roa）与企业信用在5%的水平上显著负相关，资产回报率是银行注重的指标，资产回报率越高，企业信用规模反而更低。成长性（Growth）显著为正，企业发展趋势好，更易获得企业信用。银行借款（Bank）显著为负，与企业信用有替代性关系；经营活动

现金流量（CFO）、流动性（Liq）与企业信用显著正相关，企业流动现金充足，更能够对外提高企业信用。总而言之，结合表8-4的回归结果分析，经济政策不确定性的提升会减小企业信用的规模，负向作用显著。

为了研究企业规模对经济政策不确定性与企业信用规模的关系是否有缓解作用，以下在模型的基础上，对面板数据进行多元线性回归，结果如表8-5所示。

表8-5　企业规模、经济政策不确定性与企业信用的回归结果

变量	（1） 企业信用规模
经济政策不确定性指数	−0.038*** （−4.00）
经济政策不确定性与企业规模交互项	0.002*** （4.48）
企业规模	0.019*** （2.68）
总资产回报率	−0.241* （−1.76）
成长性	0.019*** （5.00）
银行借款	−0.029 （−1.24）
经营活动现金流	0.129*** （5.82）
流动性	0.124*** （6.02）
盈利性	0.091 （0.72）
常数项	−0.317** （−2.08）
样本数	5267
代码数	903
R^2	0.125
行业固定	YES

变量	（1） 企业信用规模
年份固定	YES
F 检验	0
修正后 R^2	0.122
F 值	19.54

注：*** 表示 p<0.01，** 表示 p<0.05，* 表示 p<0.1。

回归结果显示，经济政策不确定性指数（EPU_{t-1}）与企业信用规模（Tra）的回归系数在依然在1%的水平上显著为负（-0.038），而经济政策不确定性指数与企业规模的交互项系数显著为正（0.002），企业规模（Size）的系数为0.019，且在1%的水平上显著。由此可见，规模大的企业相比于规模较小的企业更能够有效缓解经济政策不确定性给企业信用带来的不利影响。除此之外，回归模型中控制变量与企业信用的正负方向基本与预期一致。

因此，由表8-5的回归结果不难发现，企业规模的确对经济政策不确定性与企业信用的关系有一定的调节作用。

8.4.7 稳健性检验

此处参考其他文献，用每季度的月度经济政策不确定性指数求平均值再取对数的方法进行计算，即 $EPU_1 = Ln（EPU_m+EPU_{m-1}+EPU_{m-2}）/3$，得出经济政策不确定性指数（$EPU_1$）进行稳健性检验，回归结果如表8-6所示。

表8-6 更换经济政策不确定性指数度量方法后与企业信用的回归结果

变量	（1）	（2）
	Tra	
经济政策不确定性指数	-0.015*** （-3.75）	-0.113*** （-3.14）
经济政策不确定性与企业规模交互项		0.006*** （3.75）

续表

变量	(1)	(2)
	Tra	
企业规模		0.050***
		(3.76)
总资产回报率	−0.271**	−0.249*
	(−1.96)	(−1.81)
成长性	0.022***	0.019***
	(5.57)	(5.04)
银行借款	−0.012	−0.028
	(−0.53)	(−1.21)
经济活动现金流	0.129***	0.130***
	(5.88)	(5.87)
流动性	0.122***	0.123***
	(5.99)	(5.99)
盈利性	0.122	0.098
	(0.96)	(0.78)
常数项	0.164***	−0.898***
	(4.85)	(−3.14)
样本数	5267	5267
代码数	903	903
R^2	0.110	0.122
行业固定	YES	YES
年份固定	YES	YES
F 检验	0	0
修正后 R^2	0.107	0.120
F 值	20.98	19.49

注：***表示 $p<0.01$，**表示 $p<0.05$，*表示 $p<0.1$。

表8-6 为更换了经济政策不确定性指数后的回归结果，经济政策不确定性指数与企业信用的系数依旧显著为负（−0.015），同样地，经济政策不确定性指数与企业规模的交叉项回归系数仍然在1%的水平上显著为正（0.006），表明结果稳健。

9

结论与建议

9.1 研究结论

中小企业是国民经济和社会发展的主力军，中小企业的创新发展能够有效促进经济增长，并对保障就业、改善民生等方面起到积极的作用。中小企业融资容易受到劳动力成本、应收账款、物流、上下游企业等因素的影响，新冠肺炎疫情更是增加了中小企业融资成本，使得国内大部分中小企业的经营成本加大、经营困难加剧。

中小企业"融资难、融资贵"的问题是内生的，想要有效缓解这个问题，不仅需要传统银行业的转型和改革，更需要整体金融市场的转型和改革。逐步建立多层次的资本市场是一个可行的路径，这必然要求逐步建立针对中小企业的信用评级体系。中小企业信用测度是中小企业信用评级体系的基础和核心。因此，中小企业信用测度研究是中小企业融资问题的基础。缓解中小企业融资困境需要建立健全具有中国特色的中小企业融资体系，重构中小企业信用评级体系。

笔者尝试综合分析统计测度的概念和理论框架、信用的基本内涵和理论框架、信用风险的内涵和基础研究理论以及信用风险测度的研究基础，系统梳理四者之间的内在逻辑和理论相关性，总结和概括出信用测度的概念，并以此为切入点，借助于传统的统计学、金融学、风险管理、信用管理等学科的研究基础，展开系统研究和论述，关联和融合统计与信用管理，最终尝试为信用管理和企业信用评级领域中的信用测度问题建立基础理论研究架构。现有的信用评级方法多数仍停留在定量与定性相结合的传统信用评级模型或信用风险评估模型上，大数据时代，对传统的统计学研究理念和研究方法产生了重大的影响，对中小企业信用测度进行研究应该关注数据科学与大数据技术、人工智能、机器学习等新兴技术领域。

本书从基础理论角度贡献于中小企业信用评级理论体系。分析中小企业信用交易的参与者、合作关系和中小企业信用测度的影响因素，结合经济学研究范式，形成中小企业信用测度的研究框架，并以此分析中小企业信用风险的形成机理，进而测度中小企业信用风险的大小。同时，新构建的中小企业信用测度指标体系可以更有针对性地为传统商业银行的中小企业贷款风险决策提供理论依据。

从整体而言，本书大致进行了两方面的工作：一是对大数据环境下中小企业信用测度理论进行了研究，界定并明确了大数据环境与研究视角、中小企业范畴、信用与信用风险、信用测度指标体系、中小企业信用测度与信用测度体系等相关核心概念，描述了大数据环境下中小企业信用测度的内涵及特征，依次综述和评析大数据环境下中小企业信用测度的方法。在基础理论界定的基础上，提出了大数据环境下中小企业信用测度指标体系。首先描述了现有大数据环境下中小企业信用测度指标体系，然后进行大数据环境下中小企业信用测度指标体系再设计，最后重建大数据环境下中小企业信用测度指标体系。二是根据中小企业信用测度指标体系的"交易维度""三方维度"和"轨迹维度"，分别选取了政策分析视角、信用交易视角、区域发展视角、行业发展视角和宏观环境视角等，结合大数据工具和方法，进行了中小企业信用测度的实证研究，分别从不同视角得出中小企业信用测度的不同结论，这些视角互为补充、互相作用。诚然，囿于篇幅的限制和研究阶段的不同，中小企业信用测度问题是个复杂且系统性的研究过程，在未来，笔者还会在更多的视角下进行实证分析，最终建立中小企业信用测度体系。

9.2　建议与展望

9.2.1　政策分析视角

基于以上政策文本以及研究文献的可视化分析，发现地方层面相较于中央层面在联合发文方面做的工作不够充分，各部门间的合作与联系仍需加强，还需推动完成信用信息的共享合作，减少信用信息成本，提高信用信息利用率。从政策工具的视角来看，我国社会信用体系建设缺少自愿性、混合性政策工具的应用，现有政策多为强制性政策，不利于激发各信用主体的活力，政府的作用需要从主导转化为引导，充分发挥市场的调节作用，协调政府、市场与社会之间的联系，将政策的着力点放在自愿性与混合性政策工具的制定上，加强事中事后监管机制的建设，促进多元治理体系的建立。

从社会信用体系建设的主要领域来看，不管是地方还是中央，商务诚信领域的建设已经趋于成熟，但在司法公信建设上还需要加强。司法公信是社会信用体系建设的法制基础、是树立司法权威的基础、是实现社会公平正义的底线，不管是在信用信息共享时所涉及的隐私安全问题，还是征信机构进行服务所涉及的范围问题，都需要一套明确的法律来进行约束，因此司法公信建设领域应成为政策制定的侧重点。

结合政策文献研究与政策文本研究两个视角来看，我们可以认为政策文献研究的热点与政策的重点较为吻合，若在政策文本不易获取或者获取不全的情况下，可以从其相关的文献研究中得到大致的政策侧重点，以此来作为补充依据。

总之，社会信用体系建设不仅可以为市场经济的运行提供良好的环境，还可以有效避免信息不对称所带来的"道德风险"，创新治理机制，建立建设高质量的社会信用体系不可或缺。

9.2.2　信用交易视角

笔者选取了中小企业信用交易市场发生违约主体较多的时间段，又由于2020年以后出现疫情，结果可能会受疫情干扰，所以选取了2017~2019年。数据较完整的29家上市公司作为研究样本，并以1：5的比例选取了145家未违约上市公司企业的财务数据作为对照组。建立logistic回归模型，最终发现进入模型的有一个常量和五个变量，五个变量分别是总资产报酬率、总资产增长率、营业收入增长率、销售净利率和资产负债率。对模型结果进行检验，发现预测效果较好，对违约企业的判断的正确率达到了93.1%，对非违约企业的判断正确率达到了97.9%。所以整体的判断正确率达到了97.1%，正确率较高，由此可见模型的判断效果比较好。最后又以永泰能源股份有限公司的财务数据作为研究案例来验证模型代入永泰能源股份有限公司的数据之后，发现与公司2017~2019年违约事实情况相符。

一方面，我国资本市场债券发行金额与数量非常庞大，从近几年来看，债券违约数量也趋于上升状态。首先，要加大债券发行者违约的成本，更好地利用行政、法律等手段来约束发展主体的行动。并且，有必要研究如何能更好的完善中小企业信用交易市场监管体系和债权信用测度方面的法律体系。其次，中小企业信用交易市场中信息不对称问题较为广泛，这会使投资者损失的可能性更大，因此要提高中小企业信用交易市场的信息透明度，完善发债企业的信息披露制度。债券发行主体的财务数据、公司经营情况、公司战略安排等信息有必要定期进行披露。并且在信息披露中，对于隐瞒信息或制造假信息的企业，监管部门有必要对其实行惩戒，增大其违约的成本，督促企业更好地进行公司管理。信息透明对市场经济有非常重要的作用，提高信息透明度对中小企业信用交易市场稳定发展有着至关重要的作用。

另一方面，债券违约对公司的危害是巨大的，不仅会提高融资成本和融资难度，而且对公司的信誉有很大的影响。首先，企业应该建立财务预警机制，优化公司的资产结构，科学分析企业财务数据，有效地对企业财务经营情况进行分析和评估，掌握企业的偿债能力水平，不过度发行债券，不盲目扩大企业经营范围与规模，防止公司债务规模过大。其次，企业应该构建企业债券信息风险识别模型。企业债券的信用风险的影响因素不仅包括财务数据，还包括非财务因素，比如，宏观经济环境、政策情况、企业发展战略安排和所属行业的发展情况。所以企业应该构建一个能够识别企业债权信用测度的模型框架，并且多关注宏观经济和所属行业的变化，以便更好地量化和预测债券违约的风险，及时做出相应的处理对策。最后，企业在贷款时应该将抵押资产的比例控制在一定范围之内。比如，永泰能源在融资时抵押了过多的资产，使永泰能源在发生交叉违约事件，没有多余资金及时偿还债务时，没有办法得到更多的融资。因此，企业应该与商业银行建立良好的借贷关系，合理分配直接融资和间接融资比例，稳定资本结构。

由上文得知大部分违约企业债券在发行时债项评级等级都较高，这表明，评级机构可能没有完善的评价体系，也可能并没有对评级主体进行深入的调查。评级机构给出的评级等级并没有达到很好的预警效果，使得投资者可能会蒙受信息不对称所带来的损失，因此应该加强对信用评级机构的监督管理，并提高信用评级机构的专业能力。首先，国家可以出台一些法律，对评级过程中出现不公平公正的评级机构施以惩戒措施。其次，我国的信用评级机构一般是第三方机构，信用评级机构应该自我约束，提高专业水平，广泛吸纳人才，这样才能够得到投资者和企业的双向信任，才能够实现公平公正的原则。最后，我国对债券的评级一般是只对企业财务数据进行分析，有必要改进信用评级机制。信用评级机构在评级时，应该将外部环境因素纳入评级所考虑的范围，这样既会使评级的结果更加准确，也能给投资者在投资时有一个参考方向。

9.2.3　区域发展视角

根据前人对 KMV 模型和我国各类行业中小企业信用测度的相关研究，基于河南省的 44 家中小企业在 2019～2020 年的相关指标数据，提出 KMV 模型适用于河南中小企业信用风险的测度。由于河南省中小企业总体样本很少，所以研究中抽取 44 家中小企业进行信用测度，得出这些中小企业的违约距离。而后为了研究 KMV 模型是否适用于河南省的中小企业，从 18 家中取出 9 家非

ST 中小企业以及数量相等且中小企业规模相似的 ST 企业，成为两组独立样本，对其进行求均值，显著检验和 K-S 检验，发现两组样本具有显著差异但 K-S 检验却不显著，说明非 ST 和 ST 中小企业的违约距离是有差异的但效果不理想。

通过上文实证分析的过程，了解到将 KMV 模型中违约距离运用在测度河南中小企业的信用风险中具有比较理想的效果。运用违约距离来测度河南中小企业的优势表现在三个方面：一是违约距离包含着大量的指标，是综合指标数值所得出的信息。二是违约距离是由中小企业的股权价值和股票的价格在证券市场上投资者进行博弈后的结果，投资者所拥有的信息都能在股票价格变动的过程中体现出来。三是违约距离是以各种客观数据为基础的，KMV 模型计算的违约概率是客观性的，是证券市场上无数参与者和投资者共同努力的结果，个人投资者的认知偏差会被大量其他投资者的认知所抵消。

KMV 模型计算得出违约距离的方法相比于其他对信用测度的方法成本较低。而传统信用测度在对企业进行风险测评的时候不仅会消耗大量资源，而且还需要充分研究分析这些被调查企业的财务现状和发展前景等指标信息，才能得出所要求的数据结果。但 KMV 模型计算违约距离只需要获取中小企业的资产负债表和股价信息，数据容易获取且过程简单，最后再通过 KMV 模型的计算公式并利用有关软件得出违约距离的结果。

总之，违约距离可以很好的对河南中小企业的信用状况进行测度，进而对各行业的风险管理起指导作用。且在上文中对河南省的中小企业数据分析中可以看出，KMV 模型在河南中小企业信用测度的运用中具有很好的识别能力。

由此可见，真实可靠的数据是所有模型和运算公式获取有价值的结论的重要基石。根据 KMV 模型设计企业在证券市场的实际表现，表示企业需要避免这些影响市场的因素产生。同时，企业的财务报表的数据也是信用风险计量模型需要的信息来源，所以 KMV 模型最终结果的真实有效性，取决于企业财务报表数据的真实性。

河南省想要建立健全中小企业信息披露的相关法律法规，就需要中小企业定期披露相关信息，如财务报告、重大投资、上层员工的变动等，让股价真实反映中小企业过去、现在和未来的信息，准确反映出企业的经营情况，提高证券市场的有效性。综上，为 KMV 模型在信用测度过程中提供良好的财务环境是必要的。

加强监督管理，杜绝财务造假事件发生；企业和工作人员要不断提升自身专业素养和职业道德，树立正确的信息披露理念，完善监管系统，合理配置监管资源。形成监管合力，确保信息披露的真实性、准确性和完整性；要建立有效的内部监督机制，完善中小企业治理结构。健全独立审计制度，确保注册会计师依法执业；强化社会监督力度，促进诚信建设，增强中小企业自我约束力和市场竞争力。完善法律体系；有效引导大企业提高虚假信息披露的成本。

由于我国在信用风险方面的发展要慢于其他国家，相关信用测度人才也很匮乏，因此我国急需大量信用风险量化人员。同时，国内外经济环境有着较大差异，我国信用风险人员的供给规模和专业能力都比较弱，这对我国中小企业积极防范信用风险非常不利。因此，为了提高企业风险管理水平，必须要有高素质的人才队伍作为支撑。目前，我国对信用风险管理的研究主要集中在对信用风险管理方法的探讨上，而缺乏对人才培养问题的系统研究。我国在信用风险计量方面与国外先进水平相比还存在很大差距，这就要求我们尽快建立和完善我国的金融机构体系，以适应经济全球化和金融市场开放的需要。

风险管理机制是一个动态和复杂的系统。建立健全的商业银行信用风险管理机构是防止商业银行信用风险的有力举措，中小企业资信水平越高，信贷风险对中小企业的冲击也越小，高的中小企业资信管理水平有助于中小企业预防来自外部的各种风险。可衡量的信用风险管理机制不但能够定期评估信用风险大小和信用管理的有效性，而且能够有效预防企业信用的潜在风险，并制定相应的解决方案。

9.2.4 行业发展视角

笔者根据我国房地产业在经济新常态下的发展状况对其信用风险现状和房地产企业信用测度影响因素进行分析，认为我国房地产企业信用风险主要受外部因素和内部因素共同影响，外部因素包括政府政策、宏观经济环境；内部因素包括企业盈利能力、比例结构、发展能力、偿债能力、营运能力。在此基础上选取常见的财务指标，采用 logistic 回归模型对房地产业上市公司信用测度影响因素进行建模，构造出一个准确度较高的信用风险评估模型。

当前房企融资问题紧迫，极可能因为资金链断裂而陷入信用风险，因此需要构建房地产融资安全体系。第一，引导房地产企业合规融资，拓宽房地产业融资渠道，改变房地产业过度依赖股票和商业银行贷款的融资方式，房地产公司之间可以达成联盟进行合作融资，也可以通过借助企业债券融资工具、发行私募股权基金、期权投资等方法进行融资，达到降低融资成本和融资风险的双赢局面。第二，遏制房地产业过度融资，商业银行及相关金融机构必须贯彻落实"三条红线"政策，对于不符合贷款条件的企业不得发放贷款。同时严格监管资金来源，警惕加杠杆行为和带有炒作投机性质的资金流入市场，对于个人住房按揭贷款、房地产抵押品贷款、房地产企业债券等融资要加强监管，严格控制经营贷款和消费信贷等资金非法流入房地产市场。

房地产企业信用风险受外部因素和内部因素的共同影响。相比外部因素，企业内部的风险因素可控性更强，但需要行之有效的管理手段来提前识别，因此建立信用风险预警系统可以帮助房企及时发现内部财务风险，并采取风险防控措施。房地产企业信用风险预警系统应当对企业负债结构、负债规模、偿债能力、盈利能力、现金流等指标进行经常性、持续性的监测和分析，根据信用风险预警指标的变化及时做出风险预警提示，然后根据风险预警，划分出风险预警高发区，提出针对性的规避方案着重防范。

房地产企业的经营与投资受宏观政策影响较大，目前"房住不炒""三稳""四限"的新形势让房地产企业面临新的、未知的信用风险。因此，房地产企业应当积极响应国家政策，主动顺应新的发展环境，认真研究国家税收、土地政策导向，明晰国家对房地产市场发展方向的要求，并结合自身情况研究出应对措施，积极拓宽融资渠道，确定合理的负债规模，"去杠杆""去库存"，顺应数字化潮流进阶自新，提前识别经济新常态下可能出现的风险因素并有效规避。

9.2.5 宏观环境视角

在我国，经济政策不确定性普遍存在，一方面，政府在我国的经济体制中的地位尤为重要，此外，近几年经济受到了新冠肺炎疫情的影响，政府通过调整经济政策以保证我国经济的平稳发展；另一方面，企业与政府之间缺乏沟通，企业很难对新的经济政策进行预防。因此，企业很容易受到经济政策变动的影响。笔者深入分析了经济政策不确定性对企业信用的影响，并加入企业规模的调节变量，分析企业规模对经济政策不确定性和企业信用关系的影响，丰富了现有的研究体系，并为企业融资提供相关经验。笔者通过研究得出了两方面结论：第一，经济政策不确定性越高，企业信用规模越小。随着经济政策不确定性的增加，企业所处的外部环境波动越大，企业就会面临越多的风险，企业出于降低经营风险的角度会适当减小企业信用规模。第二，企业规模可以缓解经济政策不确定性对企业信用带来的负面影响。在面临经济政策不确定性增加时，授信方会从多方面考虑是否向资金需求方进行融资，而企业规模就是授信方的重要判断依据，即企业的规模越大，财务状况越好，违约风险相对较低。因此，企业规模能够适当缓解经济政策不确定性给企业信用带来的负面影响。

笔者从企业规模的视角，实证分析了经济政策不确定性对企业信用的影响，并根据实证结果从国家和企业两方面提出对应的建议。对于国家而言，笔者的研究发现经济政策不确定性增高，企业信用融资规模随之降低，企业外部的融资环境改变，对企业的融资产生了负面影响。因此，根据研究结果，第一，政府应该形成明确的政策实施体系，多加考虑企业的经营发展，尽可能减少经济政策变动给企业带来的负面影响。第二，在政策实施之前，国家应当加强与企业间的交流，一方面，方便国家政府了解企业发展，合理调整政策；另一方面，更便于企业对政策进行预判，采取预防措施。对于企业层面而言，笔者实证研究发现企业规模能够缓解经济政策不确定性给企业信用带来的影响。因此，第一，企业不能被动地作为接收者，而是应当积极推进企业发展，增大企业的规模，提升企业在市场上的竞争力；第二，企业与其他企业可以建立战略联盟，提高防御风险的能力，进而高效应对经济政策不确定性带来的负面影响；第三，企业应当密切关注经济形势的变化与趋势，对经济形势进行适当的预测进而制定相应的预防措施，提升企业适应经济政策不确定性的能力。

参考文献

［1］ Abbadi S M, Karsh S M A. Methods of Evaluating Credit Risk Used by Commercial Banks in Palestine ［J］. International Research Journal of Finance and Economics, 2013 (11): 146-159.

［2］ Akko S. An Empirical Comparison of Conventional Techniques Neural Net Works and the Three Stage Hybrid Adaptive Neuro Fuzzy Inference System (ANFIS) Model for Credit Scoring Analysis: The Case of Turkish Credit Card Data ［J］. European Journal of Operational Research, 2012 (1): 168-178.

［3］ Baker S, Bloom N, Davis S J, Wang X. A Measure of Economic Policy Uncertainty for China ［R］. Working Paper, 2013.

［4］ Baker S, Bloom N, Davis S J. Has Economic Policy Uncertainty Hampered the Recovery? ［J］. SSRN Electronic Journal, 2012.

［5］ Baker S, Bloom N, Davis S J. Measuring Economic Policy Uncertainty ［J］. The Quarterly Journal of Economics, 2016 (131): 1593-1636.

［6］ Bester H. The Role of Collateral in Credit Markets with Imperfect Information ［J］. European Economic Review, 1987, 31 (4): 887-899.

［7］ Bevan A, Garzarelli F. Corporate Bond Spreads and the Business Cycle: Introducin GS－SPREAD ［J］. The Journal of Fixed Income, 2000, 9 (4): 8-18.

［8］ Chava S, Jarrow R A. Bankruptcy Prediction with Industry Effects ［J］. Review of Finance, 2004, 8 (4): 537-569.

［9］ Chavira D A G, Lopez J C L, Noriega J J S. et al. A Credit Ranking Model for a Par financial Company Based on the ELECTRE-III Method and a Multiobjective Evolutionary Algorithm [J]. Applied Soft Computing, 2017 (60): 190-201.

[10] Chi G, Zhang Z. Multi Criteria Credit Rating Model for Small Enterprise Using a Nonparametric Method [J]. Sustainability, 2017, 9 (10): 18-34.

[11] Danielson M G, Scott J A. Additional Evidence on the Use of Trade Credit by Small Firms: The Role of Trade Credit Discounts. Mimeo [J]. SSRN Electronic Tournal, 2011.

[12] Doumpos M, Figueira J R. A Multicriteria Outranking Approach for Modeling Corporate Credit Ratings: An Application of the Electre Tri − nC Method [J]. Omega, 2019 (82): 166-180.

[13] Edward G, Joseph G, Hilber C. Housing Affordability and Land Rice: There a resist in American cities [J]. NBER Work Paper, 2002.

[14] Ferris J S. A Transactions Theory of Trade Credit Use [J]. The Quarterly Journal of Economics, 1981, 96 (2): 243-270.

[15] Finkelstein L. Representation by Symbol Systems as an Extension of the Concept of Measurement [J]. Kybernetes, 2003, 4 (4): 215-223.

[16] Fombrun C, Shanley M. What's in a Name? Reputation Building and Corporate Strategy [J]. Academy of Management journal, 1990, 33 (2): 233-258.

[17] Gordini N. A Genetic Algorithm Approach for SMEs Bankruptcy Prediction: Empirical Evidence from Italy [J]. Expert Systems with Applications, 2014, (14): 6433-6445.

[18] Hackbarth D, Miao J, Morellec E. Capital Structure, Credit Risk, and Macroeconomic Conditions [J]. Journal of Financial Economics, 2006, 82 (3), 519-550.

[19] He X J, Tang L Y. Exploration on Building of Visualization Platform to Innovate Business Operation Pattern of Supply Chain Finance [J]. Physics Procedia, 2012, 33: 1886-1893.

［20］ Jones S, Jahnstane I, Wilson I. An Empirical Evaluation of the Performance of Binary Classifiers in the Prediction of Credit Ratings Changes ［J］. Journal of Banking and Finance, 2015, 56 (7): 72-85.

［21］ Longstaff F A, Sanders A B, et al. An Empirical Comparison of Alternative Models of The Short-term Interest Rate ［J］. Journal of Finance, 1992, 47 (3), 1209-1228.

［22］ Mari L. A Quest for the Definition of Measurement ［J］. Measurement, 2013 (46): 2889-2895.

［23］ Meltzer A. Mercantile Credit, Monetary Policy, and Size of Firms ［J］. The Review of Economics and Statistis, 1960, 42 (4): 429-437.

［24］ Monfared S, Pavlov A. Political Risk Affects Real Estate Markets ［J］. The Journal of Real Estate Finance and Economics, 2019.

［25］ Nienhuis J J, Cortet M, Lycklama D. Real-Time Financing: Extending E-Invoicing to Real-Time SME Financing ［J］. Journal of Payments Strategy & Systems, 2013, 7: 232-245.

［26］ Petersen M A, Rajan R G. Does Distance Still Matter? The Information Revolution in Small Business Lending ［J］. The Journal of Finance, 2002, 57 (6): 2533-2570.

［27］ Richard T. De George. Reputation and Efficiency in Social Interactions: An Example of Netword Effect ［J］. American Journal of Sociology, 1996, (8): 626-654.

［28］ Shenkar and Yuchtman Yaar. Reputation, Image, Prestige, and Goodwill: an interdisciplinary approach to organizational standing ［J］. Human relations, 1997, 50 (11): 1361-1381.

［29］ Serrano-Ginca C., Guti, Rrez-Nieto B. The Use of Profit Scoring as An Alternative to Credit Scoring Systems in Peer-to-Peer (P2P) Lending ［J］. Decision Support Systems, 2016, 89 (C): 113-122.

［30］ Shi B, Zhao J, Wang J. A Credit Rating Attribute Reduction Approach

Based on Pearson Correlation Analysis and Fuzzy－rough Sets ［J］. ICIC Express Letters，2016，10（2）：519-525.

［31］Sopranzetti B J. Selling Accounts Receivable and The Underinvestment Problem ［J］. The Quarterly Review of Economics and Finance，2018，39（2）：291-301.

［32］Stiglitz J E Weiss A. Credit Rationing in Markets with Imperfect Information ［J］. American Economic Review，1981，17（3）：393-410.

［33］Winston T H，Roberto S，Pavlov A. Bank lending and real estate in Asia：Market Optimism and Asset Bubbles ［J］. Journal of Asian Economics，2004，15（6）.

［34］白世贞，黎双. 商业银行供应链金融运作模式的创新分析 ［J］. 物流技术，2013，32（3）：234-237.

［35］边亚男，宗恒恒. 基于供应链金融的中小企业信用风险评价模型研究 ［J］. 商业研究，2013（10）：171-177.

［36］蔡瑶，吴鹏. 基于大规模数据分析的融合面部特征的信用风险预测模型 ［J］. 情报科学，2022，40（6）：54-56.

［37］曾鸣，谢佳. 互联网金融个人信用风险评估的指标选择方法 ［J］. 时代金融，2019（33）：6-9.

［38］曾志发. 企业债券融资的风险防范与控制探讨 ［J］. 现代营销（下旬刊），2018（10）：51-52.

［39］陈春瑾. 互联网金融生态圈信用风险评价指标体系的构建 ［J］. 经济研究导刊，2019（24）：85-87+92.

［40］陈德球，金雅玲，董志勇. 政策不确定性、政治关联与企业创新效率 ［J］. 南开管理评论，2016，19（4）：27-35.

［41］陈佳音. 上市企业债券违约的影响因素 ［J］. 中国经贸导刊（中），2019（8）：63-64.

［42］陈靖. 新常态下房地产供需状况分析 ［J］. 中外企业家，2015（7）：39-41.

［43］陈梦．房地产企业信用风险评价研究［J］．中国房地产，2020（30）：15-23．

［44］陈荣达，余乐安，金骈路．中国互联网金融的发展历程、发展模式与未来挑战［J］．数量经济技术经济研究，2020，37（1）：3-22．

［45］陈胜蓝，刘晓玲．经济政策不确定性与公司商业信用供给［J］．金融研究，2018（5）：172-190．

［46］陈为民，龙小凡，杨密，袁旭宏．基于偏最小二乘回归的P2P网络借贷平台信用风险评估探究［J］．湖南人文科技学院学报，2019，36（5）：48-54．

［47］陈艳利，蒋琪．我国税收营商环境评价体系的构建与运用——基于扎根理论研究方法［J］．税务研究，2021（6）：125-132．

［48］陈玉武．新形势下房地产企业的风险及建议［J］．企业科技与发展，2021（1）：132-134．

［49］陈振明．学科交叉和知识融合视野中的公共治理研究［J］．中国行政管理，2022（1）：7.

［50］程晖，董小刚．基于数据挖掘的小微商铺信用风险分析［J］．长春工业大学学报，2018，39（5）：434-440．

［51］程文卫．我国交易所上市企业主体债券利差的影响因素研究［J］．生产力研究，2009（8）：56-71．

［52］程砚秋，徐占东．基于泰尔指数修正的ELECTRE-Ⅲ小企业信用测度模型［J］．中国管理科学，2019，27（10）：22-33．

［53］池仁勇，於珺，阮鸿鹏．企业规模、研发投入对创新绩效的影响研究——基于信用环境与知识存量视角［J］．华东经济管理，2020，34（9）：43-54．

［54］迟国泰，李鸿禧，潘明道．基于违约鉴别能力组合赋权的小企业信用评级——基于小型工业企业样本数据的实证分析［J］．管理科学学报，2018，21（3）：105-126．

［55］崔萌，孟庆国，吴晶妹等．考虑大数据辅助市场信用监管的演化博

弈分析 [J]. 宏观经济研究，2020（11）：102-115.

[56] 邓伟. 基于 KMV 模型的信用测度研究——以制造业中小企业为例 [J]. 现代营销（信息版），2020（7）：18-19.

[57] 董捷. 中小企业信用风险评价及其方法——基于应收账款融资模式的分析 [J]. 江汉论坛，2022（3）：22-28.

[58] 董小君，石涛. "重灾区" 互联网金融风险指数及其影响要素分析 [J]. 现代经济探讨，2020（3）：1-10.

[59] 杜伟，万里洋，李爽. 商业信用与银行信贷间替代关系的实证分析 [J]. 商业时代，2014（32）：88-89.

[60] 范方志，苏国强，王晓彦. 供应链金融模式下中小企业信用风险评价及其风险管理研究 [J]. 中央财经大学学报，2017，（12）：34-43.

[61] 方焕，孟枫平. 基于 Logistic 模型的供应链金融信用风险实证研究——以农业类上市公司为例 [J]. 山西农业大学学报（社会科学版），2015，14（11）：1158-1164.

[62] 方匡南，章贵军，张惠颖. 基于 Lasso-logistic 模型的个人信用风险预警方法 [J]. 数量经济技术经济研究，2014（2）：125-136.

[63] 冯冠华. 互联网金融对金融机构信用风险的影响效应——基于 PTR 模型的非线性分析 [J]. 东北财经大学学报，2018（2）：63-71.

[64] 傅强，李永涛. 基于 logistic 模型的上市公司信用风险评级 [J]. 华东经济管理，2005（9）：95-98.

[65] 郜佳蕾. 中小企业信用担保的经济效益指标体系研究 [J]. 中国集体经济，2020（30）：85-86.

[66] 葛腾飞，白中帅，徐娟. 基于 KMV 模型中小企业信用风险评价——以人工智能行业为例 [J]. 巢湖学院学报，2020，22（6）：45-53.

[67] 顾海峰，杨立翔. 互联网金融下我国第三方移动支付风险评价研究——模型构建与实证分析 [J]. 金融监管研究，2017.

[68] 顾建光. 探寻政府与市场角色关系的 "新共识" [J]. 2021（2014-5）：34-41.

［69］郭福春，郭延安．我国房地产金融风险成因与防范机制研究［J］．浙江金融，2009（12）：21-22.

［70］郭海凤，陈霄．P2P 网贷平台综合竞争力评价研究［J］．金融论坛，2015，20（2）：12-23.

［71］韩凤芹，赵伟．中小企业融资困境：基于风险治理的解释与应对［J］．宏观经济研究，2020（8）：15-23.

［72］韩锦绵，王馨梓．基于 VAR 模型余额宝风险度量及管理研究［C］．2015 中国保险与风险管理国际年会论文集，2015：259-269.

［73］何嘉亮．基于主成分分析法的房地产上市公司信用风险评价［J］．知识经济，2018（10）：76-77.

［74］何平，金梦．信用评级在中国证券市场的影响力［J］．金融研究，2010（4）：15-28.

［75］何雯好．互联网金融的风险识别及防范对策——基于模糊层次分析法［J］．黑河学院学报，2020，11（6）：54-56.

［76］何翔舟，金潇．公共治理理论的发展及其中国定位［J］．学术月刊，2014，46（8）：125-134.

［77］侯锡林，王鑫茹．基于层次分析和模糊综合评价法的企业大数据资源价值评估研究［J］．辽宁科技大学学报，2020，43（1）：72-80.

［78］胡登峰．我国社会信用服务市场体系建设研究［J］．中国高校社会科学，2018（2）：111-118+159.

［79］胡海青，崔杰，张道宏．中小企业商业信用融资区域差异研究［J］．财经研究，2011，37（5）：68-78.

［80］胡海青，崔杰，张道宏，张丹．中小企业商业信用融资影响因素研究——基于陕西制造类非上市企业的证据［J］．管理评论，2014，26（2）：36-48.

［81］胡莲，胡波．模糊积分 SVM 集成的供应链金融信用风险评估研究［J］．物流技术，2014，33（9）：362-364.

［82］胡明远．企业债券违约风险的成因与防范对策［J］．当代经济，

2018（19）：39-41.

[83] 胡胜，雷欢欢，胡华强．基于 Logistic 模型的我国房地产企业信用测度研究 [J]．中国软科学，2018（12）：157-164.

[84] 胡胜，朱新蓉．我国上市公司信用风险评估研究——基于 Logit 模型的分析 [J]．中南财经政法大学学报，2011（3）：38-41.

[85] 黄海杰，陈运佳．经济政策不确定性对债券违约的影响 [J]．中南财经政法大学学报，2022（1）：38-49.

[86] 黄鹏．债券违约与信用评级技术相关问题研究 [J]．华北金融，2018（7）：65-70.

[87] 黄小琳，朱松，陈关亭．债券违约对涉事评级机构的影响——基于中国中小企业信用交易市场违约事件的分析 [J]．金融研究，2017（3）：130-144.

[88] 贾洪文、贾镇燕．基于模糊分析法对第三方支付风险评价的实证研究 [J]．甘肃金融，2020（1）：61-67.

[89] 贾婷婷．浅议我国中小企业担保信息披露制度的完善——以证监会与银监会的协作为视角 [J]．金融法苑，2011（2）：66-75.

[90] 江其务．银企信用关系扭曲的制度根源和改革对策 [J]．金融博览，1997（3）：8-9.

[91] 姜超峰．供应链金融服务创新 [J]．中国流通经济，2015，29（1）：64-67.

[92] 姜洪涛．牛晓帆．我国房地产信用风险形成机制问题研究——兼析信贷政策的选择 [J]．当代经济，2010（11）：73-75.

[93] 蒋腾，张永冀，赵晓丽．经济政策不确定性与企业债务融资 [J]．管理评论，2018（3）：30-39.

[94] 蒋先玲，张庆波，程健．P2P 网络借贷市场信用风险识别 [J]．中国流通经济，2020，34（4）：67-75.

[95] 焦子豪，王安琪．KMV 模型适用性研究——基于两家电力中小企业以及农业、制造业中小企业实证分析研究 [J]．时代金融，2015（6）：

40-50.

［96］井浩杰，彭江艳.P2P网贷平台借款人信用风险评估［J］.厦门理工学院学报，2019，27（6）：51-56.

［97］鞠彦辉，许燕，何毅.信息混沌下银行线上供应链金融信用风险盲数评价模型构建［J］.企业经济，2018，37（6）：102-106.

［98］康峰，徐华，张兴.P2P网贷行业风险防范指标体系的构建与评价研究［J］.西部金融，2019（4）：48-55.

［99］孔玉生，张文君.中小企业KMV模型适用性实证研究——以创业板高新技术企业为例［J］.财会通讯，2014（20）：28-30.

［100］匡海波，杜浩，丰昊月.供应链金融下中小企业信用风险指标体系构建［J］.科研管理，2020，41（4）：209-219.

［101］李成刚，贾鸿业，赵光辉等.基于信息披露文本的上市公司信用风险预警——来自中文年报管理层讨论与分析的经验证据［J］.中国管理科学，2022.

［102］李成刚，潘康，贾鸿业.金融结构对产业结构影响的时变特征研究——基于SUR和TVPSS模型的实证检验［J］.重庆大学学报（社会科学版）2021，27（6）：29-45.

［103］李凤羽，史永东.经济政策不确定性与企业现金持有策略——基于中国经济政策不确定指数的实证研究［J］.管理科学学报，2016，19（6）：157-170.

［104］李凤羽，杨墨竹.经济政策不确定性会抑制企业投资吗？——基于中国经济政策不确定指数的实证研究［J］.金融研究，2015（4）：15.

［105］李光荣，官银学，黄颖.供应链金融信用风险特征、分析框架与管理对策［J］.商业经济研究，2020（13）：167-169.

［106］李佳，钱晨，黄之豪.大数据时代：人工智能与商业银行创新［J］.新金融，2018（12）：31-36.

［107］李金昌.统计测度：统计学迈向数据科学的基础［J］.统计研究，2015，32（8）：3-9.

［108］李金昌．再谈统计测度［J］．中国统计，2019（1）：27-29．

［109］李霖魁，张成虎．P2P 网络借贷中的借款人社会资本、风险甄别与市场均衡实现［J］．当代财经，2017（10）：46-57．

［110］李明选．互联网金融产业及其对传统金融冲击影响的研究［D］．上海社会科学院博士学位论文，2015．

［111］李勤，龚科．供应链金融模式下中小企业信用风险的案例分析［J］．金融理论与实践，2014（8）：66-71．

［112］李晓宇，张鹏杰．中国商业银行供应链融资的风险评价研究［J］．金融论坛，2014，19（9）：49-56．

［113］李鑫．借款人声誉与风险识别——来自 P2P 网络借贷的证据［J］．金融发展研究，2019（6）：3-11．

［114］李玉亮．基于政府控管下房地产经济安全探析［J］．中国市场，2021（7）：66-67．

［115］李媛媛，马玉国．供应链金融视角下的小微企业信用风险评价［J］．现代电子技术，2014，37（12）：32-36．

［116］梁琪，过新伟，石宁．基于随机效应 logistic 模型的中小企业财务失败预警研究［J］．管理工程学报，2014，28（3）：126-134．

［117］林毅夫，孙希芳，姜烨．经济发展中的最优金融结构理论初探［J］．经济研究，2009，44（8）：4-17．

［118］林毅夫，徐立新，寇宏，周叶菁，裴思纬．金融结构与经济发展相关性的最新研究进展［J］．金融监管研究，2012（3）：4-20．

［119］刘畅．中国房地产调控政策的历史回顾及展望［J］．中国经济报告，2019（6）：49-53．

［120］刘定平，钟用．信用评级［M］．高等教育出版社，2015．

［121］刘凡华．地方社会信用体系法制化建设研究——基于南京市信用法制化的思考［J］．中国信用，2021（10）：109-114．

［122］刘锋．新常态下房地产发展趋势及应对策略［J］．当代经济，2016（10）：36-37．

［123］刘欢.市场地位、企业信用与企业投资效率［J］.中央财经大学学报，2019（1）：51-66.

［124］刘欢，邓路，廖明情.公司的市场地位会影响商业信用规模吗？［J］.系统工程理论与实践，2015，35（12）：3119-3134.

［125］刘敏悦，孙英隽.互联网金融对商业银行信用风险的影响研究——基于股份制商业银行面板数据的实证分析［J］.经济研究导刊，2020（14）：141-143+146.

［126］刘仁伍，盛文军.商业信用是否补充了银行信用体系［J］.世界经济，2011（11）：103-120.

［127］刘少英.企业经营状况的变动对我国商业银行信用风险的影响［J］.南方金融，2014（2）：30-33+55.

［128］刘洋.基于KMV模型的房地产业中小企业信用测度［J］.中小企业管理与科技（下旬刊），2011（11）：182-184.

［129］刘迎春.基于Logistic回归的中国上市公司信用测度研究［J］.黑龙江对外经贸，2010（11）：101-103.

［130］刘雨桐.浅谈中小企业信用交易市场的信用违约及风险管理［J］.现代经济信息，2019（9）：317.

［131］刘玉.分析我国房地产市场发展［J］.现代经济信息，2016（20）：340.

［132］卢华阳.KMV模型与Logistic模型评估中小企业信用风险的适用性研究——以青海中小企业为例［J］.工业经济论坛，2018，5（2）：98-105.

［133］陆正飞，杨德明.商业信用：替代性融资，还是买方市场？［J］.管理世界，2011（4）：6-14+45.

［134］逯宇铎，金艳玲.基于Lasso-logistic模型的供应链金融信用风险实证研究［J］.管理现代化，2016，36（2）：98-100.

［135］罗欢钦.中国传统银行的经营转型之道——互联网金融视角［J］.云南财经大学学报，2015（1）：117-124.

［136］马佳.供应链金融融资模式分析及风险控制［D］.天津大学硕士

学位论文，2008.

［137］门中敬．信誉及社会责任：社会信用的概念重构［J］．东方法学，2021（2）：135-144.

［138］孟庆斌，范为，吴琼，师倩．中国国债发行的价格冲击现象研究［J］．管理评论，2017，29（10）：34-41.

［139］纳鹏杰．强化我国企业集团财务风险管理的若干思考［J］．经济问题探索，2008（12）：142-148.

［140］南雨岐．房地产开发企业信用风险的形成机理及防范对策［J］．现代交际，2018（19）：69-70.

［141］欧阳资生，莫廷程．互联网金融风险度量与评估研究［J］．湖南科技大学学报（社会科学版），2016，19（3）：173-178.

［142］庞卫东．探析我国房地产经济发展现状及其发展趋势［J］．中国产经，2020（12）：95-96.

［143］彭美红．修正KMV模型对中小企业财务信用测度的适用性［J］．黑河学院学报，2020，11（2）：62-64.

［144］齐建国，王红，彭绪庶，刘生龙．中国经济新常态的内涵和形成机制［J］．经济纵横，2015（3）：7-17.

［145］齐岳，廖科智，刘欣，冯筱璐．创新创业背景下科技型中小企业融资模式研究——基于知识产权质押贷款ABS模式的探讨［J］．科技管理研究，2018（18）：127-132.

［146］乔晗，蔡高远，赵志伟．基于大数据技术的中小企业成长性评价方法研究［J］．统计与信息论坛，2019（7）：123-128.

［147］邱东．宏观测度的边界悖律及其意义［J］．统计研究，2012，29（8）：83-90.

［148］曲雪岩，蒋雪梅．基于KMV模型的中国保险中小企业信用测度研究——以5家上市保险中小企业为例［J］．生产力研究，2022（2）：156-160.

［149］饶品贵，姜国华．货币政策对银行信贷与商业信用互动关系影响

研究［J］. 经济研究，2013（1）：68-82+150.

［150］饶品贵，徐子慧. 经济政策不确定性影响了企业高管变更吗? ［J］. 管理世界，2017（1）：145-157.

［151］阮素梅，周泽林. 基于 L1 惩罚 Logit 模型的 P2P 网络借贷信用违约识别与预测［J］. 财贸研究，2018，29（2）54-63.

［152］邵娜，沈文娟. 社会信用生态环境对战略新兴产业发展的支持研究——以安徽省蚌埠市为例［J］. 征信，2019，37（3）：33-37.

［153］沈亚平，冯小凡. 我国社会信用体系建设中政策变迁及其未来发展——基于 413 份政策文本的实证分析［J］. 未来与发展，2020，44（2）：12-20.

［154］沈中华，张欣琦，任俊宇. 手机银行业务对商业银行盈利与信用风险影响探析——以中国上市银行为例［J］. 上海经济，2018（3）：108-121.

［155］盛鑫，陈长彬. 政府行为对供应链金融业务协同发展的影响——基于演化博弈论的研究［J］. 技术经济与管理研究，2019（2）：81-85.

［156］宋亮. 我国公司债券违约的法治化治理［J］. 湖北社会科学，2018（1）：162-166.

［157］随学超，闻言. 大学生对互联网理财风险的认知及其影响因素研究——来自安徽高校的经验证据［J］. 合肥工业大学学报（社会科学版），2017，31（4）：138-144.

［158］孙海莹. 我国 P2P 网络信贷信用风险影响因素分析［J］. 对外经贸，2015（12）：80-83.

［159］孙杰，贺晨. 大数据时代的互联网金融创新及传统银行转型［J］. 财经科学. 2015（1）：11-16.

［160］孙小丽，彭龙. KMV 模型在中国互联网金融中的信用风险测算研究［J］. 北京邮电大学学报（社会科学版），2013，15（6）：75-81.

［161］谭中明，马庆，谭漩. P2P 网贷主体信用关系刻画、信用风险生成与博弈行为——基于网贷行业生态圈视角的研卿［J］. 西南金融，2018

（10）：46-52.

［162］汤莹玮．信用制度变迁下的票据市场功能演进与中小企业融资模式选择［J］．金融研究．2018（5）：37-46.

［163］唐健．互联网行业中小企业信用风险评价研究［J］．市场周刊，2022，35（2）：109-111.

［164］唐晓鹰，孙振华，王树韧，陈忠．纳税信用与社会信用体系的融合［J］．税务研究，2016（10）：112-114.

［165］田秋丽．Logistic 模型在中小企业信用测度中的应用分析［J］．中国商贸，2010（8）：64-65.

［166］田卫国．商业银行信用风险度量方法演进及借鉴［J］．中国市场，2015（8）：17-19.

［167］汪火根．我国社会信用发展态势与体系建设［J］．重庆社会科学，2013（7）：40-45.

［168］王波．安徽省中小企业信用担保体系问题研究［J］．企业研究，2012（10）：153-154.

［169］王丹，张洪潮．P2P 网贷平台信用风险评级模型构建［J］．财会月刊，2016（9）：76-80.

［170］王冬一，华迎，朱峻萱．基于大数据技术的个人信用动态评价指标体系研究——基于社会资本视角［J］．国际商务（对外经济贸易大学学报），2020（1）：115-127.

［171］王和勇，芮晓贤．融合情感分析的中小企业信用风险评估研究［J］．中国管理信息化，2019，22（7）：131-134.

［172］王化成，张修平，高升好．企业战略影响过度投资吗［J］．南开管理评论，2016，19（4）：87-97+110.

［173］王怀明，刘融．影子银行是传统银行信贷的"补充"抑或"替代"——基于中小企业融资的视角［J］．安徽师范大学学报（人文社会科学版），2017，45（5）：609-615.

［174］王科文，董鹏，卢苇．我国中小企业信用测度研究——基于 KMV

模型 [J] . 时代金融, 2016 (27): 115-116.

[175] 王秋龙 . 基于 logit 模型的我国信用债市场的信用风险研究 [D] . 西南财经大学硕士学位论文, 2018.

[176] 王文怡, 程平 . 基于 Logistic 和决策树模型的 P2P 网络借贷信用风险研究——以 HLCT 为例 [J] . 上海立信会计金融学院学报, 2018 (3): 42-55.

[177] 王相宁, 刘肖 . 金融科技对中小企业融资约束的影响 [J] . 统计与决策, 2021, 37 (13): 151-154.

[178] 王向荣, 周静宜 . 中国上市保险中小企业风险测度适用性研究——基于 Z 模型与 KMV 模型的应用比较 [J] . 会计之友, 2018 (23): 84-88.

[179] 王昕生, 毕俊杰 . 构建企业法人社会信用综合评价指标体系 [J] . 宏观经济管理, 2021 (8): 69-75.

[180] 王彦薄, 刘曦子, 陈进 . 大数据时代商业银行小微金融客户续货预测研究 [J] . 浙江社会科学, 2017 (6): 36-44.

[181] 魏刚 . 市场地位对企业信用融资的影响测度 [J] . 绍兴文理学院学报, 2019, 39 (9): 80-89.

[182] 邬建平 . 基于粗糙集和支持向量回归的电子商务信用风险评估 [J] . 统计与决策, 2019, 35 (23): 51-54.

[183] 吴北 . 论互联网银行业务创新的信用风险与防范 [J] . 北方金融, 2019 (2): 56-59.

[184] 吴晶妹 . 2011~2012 年中国征信业回顾与展望 [J] . 征信, 2011, 29 (6): 1-7.

[185] 吴晶妹 . 构建企业信用评价指标体系的几点思考——以电力背景的电工装备类企业为例 [J] . 中国信用, 2017 (10): 106-108.

[186] 吴晶妹, 韩家平 . 信用管理学 [M] . 北京: 高等教育出版社, 2015.

[187] 吴小平 . 关于当前债券违约风险的思考与建议 [J] . 中国金融家, 2018 (11): 131-132.

[188] 吴晓光 . 第三方支付机构的信用风险评估研究 [J] . 新金融,

2011 （3）：30-34.

[189] 武龙．风险投资、认证效应与中小企业银行贷款［J］．经济管理，2019 （2）：172-190.

[190] 肖斌卿，杨旸，李心丹，李昊骅．基于模糊神经网络的小微企业信用评级研究［J］．管理科学学报，2016 （11）：114-126.

[191] 肖卫兵．我国社会信用立法若干问题探析［J］．电子政务，2017 （6）：64-70.

[192] 谢瑞强，朱雪忠．技术交易平台主体违约风险评价指标体系研究［J］．中国科技论坛，2021 （10）：162-169.

[193] 谢申祥，王晖．经济政策不确定性对国家财政收支差额的影响［J］．经济与管理评论，2022 （1）：61-77.

[194] 谢小凤，周宗放．基于回购担保的供应链上关联信用风险传染及外溢效应［J］．管理评论，2021，33 （9）：304-314.

[195] 谢雪梅，王天棋．B2C 电子商务信用风险测度与网商免疫力提升路径［J］．技术经济，2019，38 （8）：108-118.

[196] 谢仲庆，刘晓芬．中国信用体系：模式构建及路径选择［J］．上海金融，2014 （7）：63-66.

[197] 邢芳菲．我国房地产上市公司财务风险评价及预警研究［D］．黑龙江大学硕士学位论文，2016.

[198] 熊海芳，刘天铭．不确定性、宏观经济波动与货币政策效果［J］．财经问题研究，2020 （2）：47-55.

[199] 徐荣贞，王华敏．基于超网络模型的 P2P 网贷集群化研究［J］．金融经济学研究，2018，33 （4）：65-76.

[200] 徐爽，黄震，蒲琳．从投资组合理论视角观察互联网消费金融平台的授信决策［J］．广东经济，2020 （9）：68-79.

[201] 徐涛，尤建新，邵一磊．风险视角下银行产品创新绩效评价模型［J］．中国管理科学，2021，29 （6）：36-47.

[202] 徐蔚冰．2015：房地产将进入"新常态"［N］．中国经济时报，

2015-01-14（008）．

［203］徐征，林英明，刘倩．经济政策不确定性对债券信用价差的影响机制分析［J］．财会月刊，2019（24）：158-166．

［204］阳佳余，杨蓓蕾．商业信贷与银行信贷：替代还是互补［J］．当代经济科学，2013，35（5）：20-31．

［205］杨罡．房地产上市公司财务风险评价与预警研究［D］．西安科技大学硕士学位论文，2020．

［206］杨军，房姿含．供应链金融视角下农业中小企业融资模式及信用风险研究［J］．农业技术经济，2017（9）：95-104．

［207］杨莲，石宝峰．基于 Focal Loss 修正交叉熵损失函数的信用风险评价模型及实证［J］．中国管理科学，2022，30（5）：65-75．

［208］杨秀云，蒋园园，段珍珍．KMV 模型在我国商业银行信用风险管理中的适用性分析及实证检验［J］．财经理论与实践，2016，37（1）：34-40．

［209］杨洋洋，谢雪梅．基于大数据的电商网贷动态信用评级模型研究——来自"拍拍贷"的经验数据［J］．征信，2019，37（9）：30-38+53

［210］杨媛杰，陈艺云，王傲磊．经济政策不确定性、风险承担与公司债信用价差［J］．金融经济学研究，2020，35（6）：93-106+126．

［211］姚畅燕，吴姗姗．P2P 网络借贷平台风险预警模型构建及实证分析［J］．西安财经学院学报，2016，29（4）：52-59．

［212］野口悠纪雄．日本的反省 悬崖边上的经济［M］．马奈，裴琛译．上海：东方出版社，2013．

［213］叶栋梁．企业规模对我国上市公司商业信用影响的实证检验［J］．生产力研究，2008（2）：38-39+48．

［214］衣柏衡，朱建军，李杰．基于改进 SMOTE 的小额贷款公司客户信用风险非均衡 SVM 分类［J］．中国管理科学，2016（3）：24-30．

［215］余欣媛．基于 logistic 模型的企业债券违约的影响因素的研究［J］．时代金融，2017（7）：194-194．

［216］俞思念．我国社会信用体系建设的进程探究［J］．学习论坛，

2016，32（2）：14-17.

[217] 俞可平，何艳玲．探寻中国治理之谜：俞可平教授访谈录［J］．公共管理与政策评论，2021，10（1）：9.

[218] 袁志刚，郭学琦，葛劲峰．中小企业融资与中小银行发展——由中国现实问题引发的理论与实证分析［J］．上海经济研究，2021（3）：70-83.

[219] 苑春荟，王晨．契约关系下的第三方网络支付信用风险研究［J］．北京交通大学学报（社会科学版），2017，16（1）：38-44.

[220] 张成虎，武博华．中国P2P网络借贷信用风险的测量［J］．统计与信息论坛，2017，32（5）110-115.

[221] 张惠君，刘静．银行信贷对中小企业商业信用的敏感性分析［J］．统计与决策，2018，34（14）：186-188.

[222] 张杰，刘元春，翟福昕，芦哲．银行歧视、商业信用与企业发展［J］．世界经济，2013，36（9）：94-126.

[223] 张捷．漫谈房地产行业的三十年［J］．城市开发，2020（2）：20-21.

[224] 张奇，李彦，王歌等．基于复杂网络的电动汽车充电桩众筹市场信用风险建模与分神［J］．中国管理科学，2019，27（8）：66-74.

[225] 张瑞华．互联网金融时代民营中小企业的融资优化［J］．山西财经大学学报，2022，44（S1）：61-63.

[226] 张树强．KMV模型在我国中小企业信用测度中的适用性研究［J］．石家庄铁道大学学报（社会科学版），2012，6（2）：21-26.

[227] 张卫，成婧．协同治理：中国社会信用体系建设的模式选择［J］．南京社会科学，2012（11）：86-90.

[228] 张晓彤．"11超日债"违约事件案例分析［D］．辽宁大学硕士学位论文，2015.

[229] 张新民．我国微小企业信贷融资的困境与对策研究［D］．河南大学硕士学位论文，2012.

［230］张艳丽，方文劼．我国信用债券违约的市场分析及违约债券处置研究［J］．新金融，2019（5）：54-59.

［231］张园园，孙兰兰，王竹泉．企业信用融资能否提高实体经济的资本效率——基于经济政策不确定性的视角［J］．现代财经（天津财经大学学报），2020，40（11）：53-67.

［232］张园园，王竹泉，邵艳．经济政策不确定性如何影响企业信用融资？——基于供需双方的探讨［J］．财贸研究，2021，32（5）：82-97.

［233］张泽珩，胡俊彧，仇雪阳，龚漪波，杨博森．互联网背景下科技型中小企业信用评级指标体系［J］．现代商贸工业，2020，41（24）：129-130.

［234］张泽京，陈晓红，王傅强．基于KMV模型的我国中小上市公司信用风险研究［J］．财经研究，2007（11）：31-40+52.

［235］赵成国，沈黎怡，马树建．金融科技视角下供应链金融共生系统演化趋势研究［J］．财会月刊，2019（21）：147-151.

［236］赵志冲，迟国泰．基于似然比检验的工业小企业债信评级研究［J］．中国管理科学，2017，（1）：45-56.

［237］赵忠，李波．基于模糊层次分析法的供应链金融信用风险评价［J］．河南科学，2011，29（1）：112-116.

［238］郑步高，王鹏．我国中小企业信用交易市场违约成因、影响及对策研究［J］．新金融，2021（1）：44-47.

［239］郑军，林钟高，彭琳．高质量的内部控制能增加商业信用融资吗？——基于货币政策变更视角的检验［J］．会计研究，2013（6）：62-68+96.

［240］郑文，马智胜．基于KMV模型的我国中部地区新能源中小企业信用测度及分析［J］．企业经济，2016（10）：24-28.

［241］周洁颖．房地产行业现状研究与建议［J］．全国流通经济，2021（5）：111-113.

［242］周晓彧．探讨企业财务核算与风险控制［J］．商场现代化，2019（1）：145-146.